JN213979

「狼」と「さそり」そして「大地の牙」

東アジア反日武装戦線が投げかけたもの

高祐二《Ko Ui》

花伝社

「狼」と「さそり」そして「大地の牙」——東アジア反日武装戦線が投げかけたもの◆目次

序章　逃亡の終わり　5
四谷での謀議　5／「うーやん」と呼ばれた男　6／尼崎での爆弾テロ　8

第一章　狙われた韓国進出企業　10
韓国産業経済研究所への爆弾テロ　10／オリエンタルメタルに対する爆弾テロ　12／東アジア反日武装戦線からの脅迫状　14／声明文に使われたハングル・タイプライター　15／狙われた韓国産業経済研究所　17／韓国産業経済研究所の正体　19／標的にされたオリエンタルメタル　20／爆弾テロ事件の背景　22／警察の厳戒態勢　24／オリの中の「狼」　25／爆弾テロと新左翼過激派の再生　27

第二章　東アジア反日武装戦線の結成　30
「狼」結成　30／「大地の牙」結成　33／「さそり」結成　35／企業攻撃の論理　36／東アジア反日武装戦線と韓国　38／過激派の韓国に対する闘争　39

第三章　東アジア反日武装戦線による一連の企業爆破事件　41
爆弾テロへの道　41／虹作戦とダイヤモンド作戦　44／三菱重工ビル爆破　46／三井物産爆破　48／帝人中央研究所爆破　49／大成建設爆破　50／鹿島建設爆破　52／連続する企業爆破テロ　52／再三にわたる間組に対する爆弾テロ　54

第四章　武装解除された東アジア反日武装戦線　57

テロリスト、表と裏の顔　57／「狼」が犯行を予告した理由　60／爆弾教書『腹腹時計』　61／テロの実践教書となった『腹腹時計』　63／ベストセラー『腹腹時計』　66／斎藤和の服毒自殺　67／荒井まり子の姉の自殺　69／第三の男の自殺　70／東アジア反日武装戦線の武器工場　71／爆弾男、片岡利明　72／泳がされていたテロリスト　73／「狼」の公判ボイコット戦術　76／逃亡した桐島聡と宇賀神寿一　76

第五章　日本赤軍との禁断の同盟　79

重信房子の「狼」へのラブコール　79／日本赤軍最高幹部・重信房子　82／赤軍派「東京・大阪作戦」の失敗　83／赤軍派の「国際根拠地論」　85／リッダ闘争と日本赤軍の成立　87／クアラルンプール米大使館占拠事件　89／檻の中の「狼」の奪還　90／日本赤軍の韓国潜入　91／「狼」後、再生する赤軍派　92

第六章　連鎖する爆弾テロの嵐　94

大阪・三井物産ビル爆破　94／三井物産ビル爆破と韓国　95／三井物産ビル爆破、大胆で繊細な犯人像　96／三井物産ビル爆破犯の正体　99／東急観光爆破テロ　100／東急観光爆破の背景　102／過激派のイシューとしての韓国問題　104／「狼」は死なず　106／「関西武装戦線」結成への道　107

第七章　京都韓国学園建設反対住民運動に対する爆弾テロ　111
甲子園優勝校、京都国際高校のルーツ　111／京都韓国学園建設反対住民運動を狙った爆弾テロ　112／京都韓国学園建設反対住民運動　113／住民運動という名の住民エゴ　116／住民運動に対するテロの意味　117

第八章　日本赤軍によるダッカ・ハイジャック事件と「狼」　119
日本赤軍の路線変更　119／日本赤軍によるダッカ・ハイジャック事件　122／赤軍派と東アジア反日武装戦線の獄中共闘　124／「狼」の妻たちの奪還　124／日本赤軍の変節　125／日本赤軍のスポークスマン、足立正生　127／映画と過激派　129／「狼」の残影　131

終　章　「狼」は死なず　134
笑う指名手配犯の最期　134／「狼」たちのその後　137／東アジア反日武装戦線とは何であったのか？　138／国境・民族を越えた連帯　140／日本赤軍の女帝　141／つわものどもが夢の跡　143／「日本のレーニン」の末路　146／思想という悪酔い　148／反日という呪縛　151／テロと帝国主義　153

終わりに——爆弾テロの行きつく先　156

〈参考文献〉　160

序章　逃亡の終わり

四谷での謀議

一九七五年三月一一日夜、東京・新宿区四谷の喫茶店「アマンド」に三人の男が待ち合わせ、額を寄せ合って話していた。三人とも二〇代後半のサラリーマン風で、周囲には仕事帰りに一息ついているような様子に映った。

店内の客層は老若男女様々で、カップルで会話する男女や新聞を読んでいる中年男性、ただコーヒーをすすっている労働者風の若者等々、一見普通の喫茶店の風景であった。しかしその実態は、三人のサラリーマン風の男たちを除いた客のほとんどが、変装した警視庁公安部の刑事であった。

三人は東アジア反日武装戦線「狼」の大道寺将司《だいどうじまさし》、「大地の牙」の斎藤和《さいとうのどか》、「さそり」の黒川《くろかわ》芳正《よしまさ》だった。一九七四年一二月二三日の鹿島建設爆破事件後、三つのグループは正式に合体した。以来毎週火曜日、都内の喫茶店で毎回場所を変えながら、各グループのリーダーが集まって作戦会議（三者会議）を開き、攻撃目標などの謀議を重ねていた。

三月一一日の会議では、斎藤が「『大地の牙』としては、日刊工業新聞に報じられている韓国視察団の訪韓阻止を図りたい」と提案した。斎藤の提案に他の二人も同意し、二週間後の三月二五日の会議で兵庫県尼崎市のオリエンタルメタル社が、続く四月一日の会議では東京・銀座の韓国産業経済研究所（韓産研）が攻撃目標に選ばれた。そして、「狼」から実行部隊を担当する「大地の牙」に雷管二本が提供されることで話がまとまった。

一八日後の韓産研とオリエンタルメタルの同時爆破事件は、「東アジア反日武装戦線」の名の下、「大地の牙」を中心に「狼」「さそり」の三グループが密接な協力体制のもとで実行された。しかし、その爆破計画と爆弾テロの実行は全て公安警察の知るところで、一カ月後の五月一九日、東アジア反日武装戦線は武装解除されることになる。

「うーやん」と呼ばれた男

二〇一〇年頃、神奈川県藤沢市のバーに五〇代後半の男が常連客として通っていた。「内田洋」と名乗った男は、他の客から「うーやん」と呼ばれていた。

うーやんは同じ藤沢市内の工務店に住み込みで働いており、バーには週に一、二回来店していた。短髪の髭面で、いつも同じ服を着ていたが、洗濯は欠かさず、清潔な身なりであった。酒は強い方ではなかったが、バーでは他の客が歌う曲に合わせて踊るなど、陽気な一面を見せていた。マスターには身の上話をすることもあり、「一〇年くらい前に三〇歳くらいの女性から交際を申し込まれた。けれど自分は幸せにできるタイプじゃないから断った」などと打ち明けた。ただ悪酔いすると激高することもあり、他の客に対して「おぬしに俺の何が分かるんだ!」とからんだりすることから、店を出禁になるトラブルも絶えなかった。

うーやんは二〇二〇年のコロナ禍頃から体調を崩し、店にも顔を出さなくなった。バーのマスターが最後に会ったのは二〇二三年の年末で、うーやんは痩せこけた姿となっていた。末期癌であった。

桐島聡の指名手配ポスター
筆者撮影

年が明けた二〇二四年一月中旬、うーやんは勤務先近くの道路でうずくまっているのを近所の住人に発見され、住み込み先の自宅まで運ばれた。室内にはストーブが一台あるだけで、あとは段ボールなどが散乱するゴミ屋敷であった。その後、工務店の社長が救急車を呼び、鎌倉市内の病院に搬送された。

それから、うーやんのことを気に掛ける者は誰もいなかった。うーやんの顔はある意味、歴代総理大臣や有名芸能人よりも知られていたのに、だ。うーやんが二〇代の頃の顔写真が、全国の駅や街頭、銭湯などで貼り出されていたのだ。

うーやんは一月二九日、病院で死亡した。その四日前、うーやんは病院関係者にこう語った。

「俺は東アジア反日武装戦線『さそり』のメンバー、桐島聡《きりしまさとし》だ」

尼崎での爆弾テロ

兵庫県尼崎市は「公害の街」として知られてきた。一九七〇年代、街の南部は阪神工業地帯の中心地で重化学工業の工場群が林立し、市街地との境界に位置する国道四三号線は激しい交通量で排気ガスが充満していた。阪神尼崎駅周辺は工場労働者が仕事上がりに足を運ぶ歓楽街であったが、駅の下を流れる庄下川はヘドロで埋め尽くされ悪臭が漂っていた。駅の北側には巨大なガスタンクがそびえ立ち「工都」の威容を象徴していたが、駅とガスタンクの間の神田北通りは銀行や商工会議所が建ち並ぶちょっとしたオフィス街であった。

眠らない工場の街であったが、深夜ともなると神田北通りの一角は人通りもなく、昼間の喧噪が嘘のような静寂が辺りを覆っていた。

一九七五年四月一九日午前一時頃、突然の大音響が漆黒の闇夜を貫いた。爆音は周囲一キロにまで響き渡り、住民のまどろみは一瞬にして打ち破られた。

爆弾テロは主に首都圏で引き起こされ、関西では無関係と思われていた矢先の事件であった。

狙われたのは韓国と取引のある企業で、東京で韓国産業経済研究所を狙った爆弾テロが同時多発的に発生した直後のことだった。

東アジア反日武装戦線が、いよいよ本丸である韓国進出企業をターゲットにしたのである。しかし、このテロ事件が東アジア反日武装戦線の終わりの始まりであったことを、犯行グループは夢想だにしていなかった。東アジア反日武装戦線の犯人七人が逮捕されたのは、ちょうど一カ月後の五月一九日である。

第一章　狙われた韓国進出企業

韓国産業経済研究所への爆弾テロ

一九七五年四月一九日午前一時頃、東京都中央区銀座七丁目トキワビルの五階にある韓国産業経済研究所（宋凌《ソン・ジュン》所長）付近で、突然大音響とともに爆発が起こり、四階から六階の窓ガラスがメチャメチャに割れ、同研究所のドアなどが大破した。爆発時、同ビルには管理人ら数人がいたが、怪我はなかった。警視庁は築地署に特別捜査本部を設けて調べたが、現場付近にトラベルウォッチの部品とみられる歯車やゼンマイ、ブリキの破片などが残されているところから、時限式爆弾を仕掛けたものとみられた。

同ビル一階の同研究所の郵便受けに、黒い紙にタイプで打った宋所長宛ての白い紙を貼った封筒が入れてあった。捜査本部で調べたところ「韓国政府の手先」と同研究所を非難した文面であった。

同研究所の入り口そばにエレベーターがあり、そのわきのコンクリート柱の床から約一メートル上のところが黒こげになっており、ガムテープの破片が付着していたことから、爆発物は柱にガムテープでとめられていたことが分かった。片面が薄青色のブリキの破片やレンガ色のボール紙片も多数見つかっており、爆発物はブリキ缶をボール箱につめたものとみられた。

また、爆心地点の状況などから爆薬は大成建設、間組爆破事件に使われた塩素酸塩系の混合爆薬とみられたが、破壊状況などから、爆発物の威力はこれまでの一連の企業爆破事件よりもかなり弱いことが分かった。

午前零時半頃、ビルの守衛が五階を見回った時は全く異常がなかったということから、犯人はそれ以降に爆発物を仕掛けた疑いが強かった。同ビルは事務所などが雑居しており、入口はいつも開いているうえ、エレベーターは深夜でも動いていた。犯人は容易に現場に入り込んだとみられた。

また事件発生後間もない午前一時二〇分頃、現場付近から若い男がかけ足でとび出し、近くのスナックに入ったのを見たとの届け出があり、捜査本部はこの男の身元割り出しを急いだ。男は身長一七五センチで、黒っぽい服装でマンボズボンをはいていたという。

このほかタクシー運転手が現場付近から新宿区四谷三丁目まで三人組の若い男を乗せたが、落ち着きがなく不審だったなどの届け出もあった。

現場付近にはバーやキャバレーがあったが、大半が閉店した後の事件のため、野次馬などによる混乱はなかった。

オリエンタルメタルに対する爆弾テロ

銀座の韓国産業経済研究所（韓産研）が爆破されたのと同時刻の四月一九日午前一時頃、尼崎市神田北通一丁目尼崎松本ビル（八階建て）の七階付近で大きな爆発が起こり、内部は徹底的に破壊された。

七階には韓国ソウル市内に日韓合弁会社を設けている建材会社オリエンタルメタルの事務所があり、同時刻に東京・銀座でも同じように韓国に関係のある韓産研で爆発が起こっていることから、兵庫県警は午前七時、尼崎中央署に「松本ビル爆破事件本部」を置き、現場検証を始めるとともに、韓産研と同一犯の計画的犯行とみて捜査を始めた。

現場は、阪神電鉄尼崎駅すぐ北側の市の中心街にあった。尼崎松本ビルにはオリエンタルメタル系各社をはじめ、旅行社、保険会社、建材会社など三一社の事業所、店舗などが入っていた。爆発当時、ビル四階の日本警備保険会社に二人のガードマンがいたが、爆発音と同時に飛び出し無事だった。

捜査本部の調べでは、爆発があったのはビル七階の中央ホールのエレベーター前付近とみられた。爆発物はかなり強力で、七階中央ホールは崩れ落ちた建材の天井板や壁板、コンクリート片などで足の踏み場もないほどであった。ホールに近い事務所入り口のドア六枚も吹き飛ばされていた。さらに爆風は階段を吹き抜け、二階から七階の壁板、天井板が落ちたほか、屋上へ出る八階のスチール製ドアも捻じ曲げられていた。また、七階では水道管の一部も破損し、各階の階段付近は水びたしになった。

現場の破損状況がひどいことや火薬のにおいが爆破当時しなかったことなどから、爆発力の強い硝酸系時限爆弾が仕掛けられたものとみて、捜査本部では現場での遺留品収集に全力を挙げるとともに、四月一八日午後からビルに出入りした不審者の割り出しを急いだ。

爆発のあったビル六階と七階の半分はオリエンタルメタルと同じ系列のオリエンタルメタル製造、東洋建材工業の三社の事務所があった。

七階のオリエンタルメタル製造では、社員二人が午後一〇時一五分頃まで残業していたが、帰った後に爆発が起きた。ビルは南側が正面玄関、北側に通用門の計二カ所の出入り口があった。正面玄関は四月一八日午後八時にシャッターを下ろしていた。また通用門も爆発当時閉まっていたとみられていたが、ガードマンやビル近くに住む管理人が見回りのため夜間も出入りしており、この夜もガードマンが九時と一〇時頃に見回ったが異常はなかったという。

四月一九日朝、ビル一階の玄関ホールにある郵便受けから縦一一センチ、横一〇センチの中央に「オリエンタルメタル製造会長殿」と活字印刷された黒い手製封筒入りの手紙が見つかった。

爆破当日、オリエンタルメタルやオリエンタルメタル製造会社は定休日であったが、爆発のニュースを聞いて社員が次々と会社へかけつけた。しかし、ビル内に入ることができず、不安げな表情で、道路からビルを見上げていた。オリエンタルメタルの常務は「これまでに脅迫電話や手紙があったとは聞いておらず、思いあたるフシはない」と言ったきり、押し黙った。社員たちも、こわばった様子でヒソヒソと話し込んでいた。

六階にある肥料会社の従業員の話では、「今朝二時頃、警察から呼び出しがあり会社へ行ったが、廊下を隔ててオリエンタルメタルと仕切ってある仕切り板が吹っ飛び、書類などもメチャメチャになっていた。ひどいことをするもんですなあ。またいつ爆発があるか恐ろしくて中にも入れません」と心配そうに語った。

また、ビル東側の喫茶店主は「テレビを消して寝ようとした時、ズシーンという腹に響くような音とともに地響きがした。表に飛び出してみると、松本ビルの七階の窓が吹っ飛び、煙が立ちこめていた。こげ臭い変なにおいがしたが、まさか爆弾が破裂したとは……」と恐怖で青ざめていた。

東アジア反日武装戦線からの脅迫状

四月一九日未明に東京・銀座と兵庫県尼崎市でほぼ同時に発生した爆発事件について、警察庁は同日、警視庁、兵庫県警からの情報を検討した結果、二つの事件は犯行の手口から同一グループによるものと断定した。警察庁は今回の事件も一連の企業爆破事件と同様、韓国関連の事業所、企業が狙われていることから、東アジア反日武装戦線による第七の犯行との見方を強めた。

警察庁が同一犯と断定したのは、①両事件ともほぼ同時刻に爆発するよう爆弾がセットされた、②爆発の威力も同じくらいである、③「韓国進出から手を引け」といった同じ内容の脅迫文が見つかっていることなどからであった。

韓国産業経済研究所とオリエンタルメタル製造に宛てられた声明文は全く同じで、内容は次の通り。

「韓国産業経済研究所は、日帝企業の韓国、台湾、マラヤ侵略に奉仕する活動を停止せよ。オリエンタル製造などによる韓国工業団地視察団の派遣を中止せよ。オリエンタルメタル製造は韓国から撤退し、在韓資産を放棄せよ。　一九七五年四月一九日　東アジア反日武装戦線」

声明文に使われたハングル・タイプライター

東京・銀座の韓国産業経済研究所が爆破された事件を捜査する築地署特捜本部は、犯人グループからの声明文の宛て名の「宋凌」という字に「ソン・ジュン」と正確なハングルが使われいることを重視し、その解明を急いだ。

捜査本部は、犯人グループから送られてきた声明文を細かく検討した結果、活字の大きさがそろっているが、文字と文字の間隔が活版印刷より大きいことなどから、タイプライターを使ったものと断定した。ハングルを打てるタイプライターが犯人グループの周辺にあることは確実で、捜査対象はかなり絞られるとみた。

四月一九日夜までの調べで、ハングルを打てるタイプライターは極めて少なく、全国で五〇〇〜六〇〇台程度しかないことをつきとめた。これらは大学や韓国と取引関係のある企業、商社、団体などがほとんどで、使用範囲も限られているため、同本部ではハングルの活字製造メーカーの販売リストなどから、声明文作成に使われたハングルのタイプを探すことに全力をあげた。また、犯人像についても、韓国の内情にくわしいうえ、ハングルのタイプも手近なところにあるなど、韓国との関り合いが深い者との確信を深めた。

ハングルのタイプライターは和文タイプ形式と英文タイプ形式の二つがあったが、英文タイプ形式のものは年間五、六台がドイツなどから輸入されているだけで、当時国内で使用されていたのは和文タイプがほとんどだった。

和文タイプ形式のものは、和文タイプの漢字やかな文字をハングルに差し替えるようになっており、このタイプライター用のハングルを作っている会社はT事務機（東京・千代田区内神田）とHタイプライター（東京・中央区宝町）の二社があった。Hタイプライターは当時製造を中止していたために、T事務機の独占の形となっていた。

T事務機の話では、ハングルのタイプ用活字は韓国関係の商社や企業、大学など販売先は限定されており、販売数も年間百組前後とのことであった。

ただ、T事務機のハングルタイプの場合、活字の大きさが声明文のものより少し大きい点が違っていた。捜査本部は声明文がコピーされたものであることから、もしT事務機のタイプが使われたとすれば、コピーの際に全体が縮小されたと推理した。

また、声明文の内容部分に使われた活字は、小学校の教科書などに使われている「教科書体」といわれる特殊なもので、雑誌などに広く使用されている明朝体や新聞用活字とは違うことがわかった。ただ、「韓」の一字だけが、なぜか明朝体の活字が使われており、タイプライターが古くなり「韓」の字が欠けていたため、他の雑誌などの文字を切り貼りして使用したためではないかと活字の専門家は見解を述べた。

狙われた韓国産業経済研究所

東アジア反日武装戦線に爆破された韓国産業経済研究所は、一九六五年三月、日本生産性本部などの協力で設立された。韓国人の所長のもと、韓国への経済進出に関心を持つ日本の中小企業に対して、韓国内の産業や労働問題を調査研究し、資料を提供するコンサルティングが主な仕事であった。会員企業は一〇〇社程度だったが、資本金が二千万円以下の中小企業が大部分で、会員には毎月二回「産業経済動向」というパレフレットを発送していた。

当時の日本には韓国の経済情勢や税制、貿易制度、金融状況などに通じている専門の研究機関がほとんどなかったため、現地から情報を買い集め、翻訳し、韓国の企業と取引を希望する企業にナマの情報を提供することから、韓産研は重宝がられた存在であった。しかも企業に直接売り込むのではなく、注文に回答する受け身の仕事で、表向き政治的な背景はないとしていた。時には、マレーシアやシンガポールの経済状況を流したこともあった。

韓国の情報や日韓貿易に必要な法令などを旬報に載せているところから、捜査本部では一九七四年八月の三菱重工ビル爆破事件以来、東アジア反日武装戦線がアジア進出企業攻撃の一環として爆弾を仕かけたものとみた。

韓産研の宋凌所長（四七）は、築地署特別捜査本部での事情聴取のあと、四月一九日夜、研究所に近いホテルで会見に応じた。

宋は「過激派に狙われるなんて想像もしていなかった。なぜ狙われたか分からない。私の研究所の性格を全く誤解してやったものと思う。第三者であるオリエンタルメタル社にも被害があったのは遺憾だ。こんな情勢下でもあるので、今月二五日に出発の予定だった韓国工業団地視察団は、参加を申し出た経営者の皆さんに不安を与えたくないので計画は取りやめる」などと語った。韓国工業団地視察団は、深刻な不況下で設備や特許をもて余し困っている企業に呼びかけられ、一二社の経営者が一週間、昌原《チャンウォン》機械工業団地などを視察する予定だった。

以上が報道などによる韓産研の表向きの顔であるが、実態は違っていた。

韓国産業経済研究所の正体

韓国産業経済研究所は、一九六五年三月、三カ月後の日韓条約の締結を見越して、朴正熙《パクチョンヒ》政権の強力なバックアップと日本政府の要請のもと、日本生産性本部の協力を得て設立された。

日本生産性本部とは、第二次大戦後、世界的規模で展開された生産性向上運動の日本における推進機関で、一九五五年生産性向上のための日米交換公文により、日経連、経団連、経済同友会、商工会議所など日本財界の肝いりで、MSA協定の見返り資金二億円をもって発足した財団法人であった。要は共産主義政党による労働運動介入を排除するため、資本家が主体となって、反共的な労使協調路線の労働組合を組織することで結成された。

一九七〇年代、日本生産性本部は合理化推進のための資本の情報収集や宣伝、海外の技術調査、生産管理講習会、労使協調の研究などを政府補助金や産業界の寄付で行うことで、日本企業の利益擁護機関の役割を果たしていた。韓産研は日本生産性本部の手法に則って、日本企業を会員に資金を提供される見返りとして、韓国の産業、金融状況、法律制度、労働者の運動と弾圧の方法などについて調査研究し、日本企業が韓国に経済進出するために必要な情報を提供することを主な事業としていた。

韓国に進出する日本企業は、当然「旨み」である利潤の追求を第一目的としていた。地価は日本の十分の一、労働賃金は五分の一から十分の一、十数時間もの労働で酷使しようが、退職金も払わずに解雇も可能と労働搾取のやりたい放題の一方、労働者は全くの無権利状態で、労働運動は警察とKCIA（韓国中央情報部）が容赦なく弾圧してくれた。そのうえに種々の免税措置などの特権があり、公害防止の設備投資も不用といった「旨み」が保証されていた。

韓産研の所長宋浚は一九二七年、日本の植民地下の朝鮮に生まれたコリアンであったが、日本国籍を取得し、その後は名前も「宏晩」に変えた。宋は韓国の政財界に顔も広く、日本と韓国の政財界の間を泳ぎ回ってそのパイプ役となり、日本企業の韓国進出を指南する著書も多数書いていた。

標的にされたオリエンタルメタル

尼崎・松本ビル爆破事件で東アジア反日武装戦線に狙われたオリエンタルメタル製造の会長は、四月二一日午後三時半から同ビル六階の事務室で事件後初めて記者会見した。社長は「会社が爆破された理由は全くわからない。しいて言えば私が、同時爆破された韓国産業経済研究所主催の韓国工業団地視察団の団長になったためだろう」と述べた。

同社の説明によると約七年前、合弁会社設立の申し入れが韓国側から三井物産を通じてあり、会長が訪韓、約二年間経済事情を調査した。また韓国産業経済研究所から韓国の経済情報を受け、一九六五年五月、共同出資で合弁会社「韓国オリエンタルメタル会社」を設立し、ソウルに本社と工場、釜山《プサン》、浦項《ポハン》に支社を置いた。

会長が韓国視察団の団長になった経過については、一九七五年二月はじめ、昌原工業団地に進出する日本企業の募集が韓国側から業界にあり、中小の一〇社が応募した。そして韓産研が視察団を計画し、オリエンタルメタル会長が韓国事情にくわしいことから、宋所長が団長に決めたとのことであった。

この日の記者会見には、会長の弟の社長も出席し、爆破されたことについて二人とも「全く寝耳に水、ショックとしか言いようがない」とぶ然とした表情であった。会長は「オリエンタルメタルの在韓資産は合弁会社だけで、どれも無配の状態だ。韓国からごっそり儲けるなどの話はとんでもない」と述べた。

また、狙われた理由については「私が視察団長になったためとしか考えられない。しかしうちの会社はこの視察団には参加しておらず、私は同行者のつもりだった」と語り、「相手を刺激するのは避けたいので視察団長を辞退したい」と話した。

一カ月後に逮捕された東アジア反日武装戦線の爆破犯は、犯行動機について、オリエンタルメタル社長を団長にしたことを報じた二月二八日付の日刊工業新聞を参考にして、同社を攻撃対象に選んだと供述した。

オリエンタルメタル社長が韓国工業視察団団長を辞任したことで、犯行グループの目的の一つは達せられたことになる。

爆弾テロ事件の背景

東京のど真ん中である銀座七丁目と尼崎市の雑居ビルの爆破事件で、狙われたのはいずれも韓国に縁の深い研究所と企業であった。これで一九七四年八月の三菱重工ビル爆破以来七件、九カ所の爆破が行われたが、同時多発型は一九七五年二月二八日の間組本社、大宮工場に次いで二度目で、五〇日ぶりであった。

これまでの爆破事件と今度の事件を比べると、①攻撃目標が韓国と関係が深い、②爆発物が時限装置付き塩素酸塩系（三菱はダイナマイト）などの点で類似性が多く、これらの点から捜査本部は、今度の事件も東アジア反日武装戦線の「狼」などのグループとつながっているとみた。

しかし今度の事件で特徴的なのは、これまでの韓国進出企業から一歩進んで、そうした企業を背後から支えている情報機関、日韓の影の中枢部にホコ先を転じたことと、初めて関西に事件が飛び火したことであった。捜査当局が韓国進出企業の警戒に目を奪われている隙をついて、犯行グループはまんまと当局の裏をかくことに成功した。特に関西で事件が起きたことで、爆破事件が全国的に広がる恐れもあった。

また、事件が起きた四月一九日は、韓国国民にとっては忘れもしない「四・一九学生革命記念日」であった。一九六〇年、李承晩《イスンマン》大統領の圧政に対し、高校生、大学生が中心となってデモを行い、政権打倒に追い込んだ。そうした韓国民衆の闘いに連帯し、韓国の独裁政権の庇護の下で搾取を続ける日本の企業に対して、四月一九日にテロを実行したとみられた。警察当局もこの日は何か起こり得ると警戒していたが、犯行グループの攻撃目標は当局の視野の外にあった。

爆弾テロ事件について、当時売れっ子の推理作家はこう評した。

「私は直感的に、例えばＫＣＩＡ（韓国中央情報部）といった諜報機関が暗躍していると感じますね。今度の場合、小さい企業を狙っていますが、被害が少ないように配慮してある。親韓企業をやったのはカモフラージュ臭い。本当はもっと大きな狙いがあるのじゃないか。例えば日本から金を引き出すためとか……。理論だった明確な論拠はないけれど、犯行は一ひねりも二ひねりもしてあると思う」

韓国の経済事情に詳しい大阪市立大教授（経済学）も、立場は異なるが同じような意見だった。「日本企業の韓国進出は利潤追求第一で、日本の政治、外交もそうした企業の姿勢に引きずられている」としながら、「韓国、東南アジアに関連のある企業を爆破している犯人が、どれだけ韓国などのことを知っているのか？（爆破などで政治、経済の）流れは変えられないのに……」と疑問を投じた。そしてテロ事件防止の先手の意味も含めて、「日本政府は対韓外交の姿勢を福祉重点に早く切り替えるべきだ」と強調した。

警察の厳戒態勢

連続爆破事件について、土田警視総監は四月一九日午後記者会見し「爆弾事件には、刑事の聞き込み捜査中心のやり方ではもはや対応できなくなってきた。都民からのきめ細かな情報提供が不可欠だ。このため警視庁内に情報一一〇番を新設する」と語った。

これまでも警視庁は都民に情報提供をしばしば呼びかけてきたが、まだ埋もれている情報がかなりあるとみられた。このため、警視庁内に専門の相談コーナーを設置することにした。

兵庫県警警備部は、尼崎市のオリエンタルメタル爆破事件で韓国進出の小規模会社が狙われたことを重視し、兵庫県内の海外進出企業のパトロールを強化するとともに、大阪・京都府警とも協力して厳戒態勢をとることにした。

兵庫県警によると、韓国に進出している企業はオリエンタルメタル級の会社も含めて兵庫県内だけで三一七社、東南アジア方面を加えると千社を超すとのことであった。東京・三菱重工ビルが爆破された一九七四年八月以降、兵庫県警では東南アジア進出の県内大手企業や関運会社八四社（うち韓国進出は約二〇社）を重点警戒対象に指定、不審者の出入りチェックや爆弾事件の際の避難誘導、警察への通報体制などを指導してきた。しかし、オリエンタルメタルなど中小企業に対する警備はノーマークに近い状態であった。

このため四月一九日午後、県下各署に中小企業の海外進出社に重点警戒を指示し、特に韓国進出に積極的な企業は大小を問わず、当分の間捜査員を張りつけ、他の会社にも各署で二人一組の専従パトロール班を編成、巡回することにした。

韓産研爆破事件当時、警視庁は「犯行グループの存在すらつかめていない」と発表していたが、事実は異なる。この時点で犯行グループの全貌をほぼすべて把握しており、韓産研爆破ではテロを実際に起こさせることで証拠を固め、犯行グループを一網打尽に逮捕する公安警察の「泳がせ」捜査が執り行われていたのである。

オリの中の「狼」

警視庁公安部の尾行と内偵捜査により、東アジア反日武装戦線による韓産研とオリエンタルメタル社爆破の計画・実行は筒抜けであった。公安部は韓産研事件について、最初の「狼」「さそり」「大地の牙」の三者会議が開かれた一九七五年三月一一日の行動から把握していた。

東京・四谷の喫茶店「アマンド」に「狼」の大道寺将司、「大地の牙」の斎藤和、「さそり」の黒川芳正の三人が集まった。斎藤の「『大地の牙』としては、日刊工業新聞に報じられている韓産研の韓国視察団の訪韓阻止を図りたい」との提案に大道寺と黒川は同意し、「狼」から実行部隊を担当する「大地の牙」に雷管二本が提供されることで話がまとまった。

斎藤の依頼を受けた「狼」は、四月五日から佐々木規夫の地下工場で雷管作りを行った。片岡利明と佐々木が管体作りを担当し、大道寺と妻のあや子が雷汞《らいこう》を詰めて四本の雷管を製作した。雷汞は雷酸水銀とも呼ばれる起爆剤で、通常の火薬と異なり衝撃や摩擦に敏感で、加熱によって爆発的に分解する。火薬を有効に爆発させるには、起爆薬の入った雷管が必要だった。四月一五日、大道寺から二本の雷管を受け取った斎藤と内妻の浦田由紀子《えきたゆきこ》は、直ちに爆弾作りに取り掛かり、浴田が勤め先から入手した薬品缶に爆薬としてデゾレート（除草剤）などを詰め、決行前日の四月一八日に二個の時限爆弾を完成させた。

この間、斎藤と浴田は二回にわたって韓産研の下見をしたうえ、四月一八日、斎藤が爆弾一個を持って尼崎へ向かった。浴田は平常通り出勤し、爆弾を社内の個人ロッカーに保管、午後五時頃、爆弾を持って退社し、新宿の喫茶店で時間をつぶした後、同夜七時半頃、銀座の地下街にある公衆便所内で時限装置をセットした。八時過ぎ、浴田はトキワビル五階に爆弾を仕掛けたうえ、その足で声明文を同ビル一階の韓産研究の郵便受けに投函した。

斎藤は四月一八日、勤め先の喫茶店を休み、同日午前一〇時頃、東京駅から爆弾を入れたカバンを持って新幹線に乗った。午後一時過ぎ、新大阪駅に着いた斎藤は、尾行を恐れ、同駅構内で喫茶店に二回、中華料理店に一回入るなどジグザグ行動を繰り返した。この間トイレを二回使い、最初はすぐ出てきたものの、二回目は約四〇分間閉じこもったままでいた。この時、カバンで運んだ爆弾に時限装置を取り付けた。

午後三時過ぎ、斎藤は新大阪駅から阪神梅田駅を経て約二五分間電車に乗って阪神尼崎駅へ到着し、同駅前にあるオリエンタルメタル社に爆弾を仕掛けた。

この爆破事件により韓産研の韓国視察団の訪韓が取りやめになったことで、犯行後の三者会議において大道寺らは「同時爆破は目的を達し成功だった」と総括した。三グループのトップ会議は、開かれるたびに次回の場所を取り決めるという手順で繰り返されたが、このほか、各グループ間の連絡方法として新宿区の「共栄サービス」による伝言取り次ぎも利用された。三者会議の期日、場所の変更などの連絡のほか、斎藤らが「狼」から入手した雷管の取り付けに成功した場合には「商品は無事収まった」と同サービスに伝言の取次ぎを依頼するといった具合に暗号でやり取りしていた。

「大地の牙」による犯行は、全て公安警察の手の内にあった。しかし、東アジア反日武装戦線を壊滅させても、爆弾テロは収まらなかった。警視庁公安部も、そこまでは予測できなかったのである。

爆弾テロと新左翼過激派の再生

一九七五年四月一九日、韓産研とオリエンタルメタルを狙った東アジア反日武装戦線の七度目の爆弾作戦が実行されたが、「韓国」と「沖縄海洋博」「天皇訪米」に対する闘争目標は、爆弾グループばかりでなく、新左翼各派もイシューにしていた。この時期、ブント（共産主義者同盟）内の武装派結集の動きが水面下で行われ、連合赤軍事件以後初めて国内赤軍派による集会が開催されるなど新左翼の武闘路線化が強まり、この三つの目標を中心に闘争が高まるとみられた。

東アジア反日武装戦線の爆弾テロは三菱重工など韓国と密着した企業に攻撃が向けられていたが、ベトナム戦争の終結にみられるインドシナ情勢の変化で、次は「韓国が共産主義化する」という分析が、新左翼各派の機関紙にも掲載された。一九七〇年代中盤の情勢は、朝鮮半島の動向が俄然注目されていたのだ。

新左翼は一九七〇年代中盤以降、低迷状態からの脱却に向けて新セクトの編成や既成セクトの再編などにあわただしくなり、東アジア反日武装戦線の爆弾テロがその起爆剤となる様相を呈していた。

「武闘派共闘」を呼びかけたのはブントの「蜂起派」で、一九七四年「京浜安保共闘」と「武闘派統一戦線」を結成し、バラバラに行われてきたゲリラ闘争を結集しようと、武闘派共闘を広く各派に呼びかけた。一九七四年発足させた「プロ革派」は「新赤軍」として定着し、組織を拡大させ、一九七五年三月末には一〇〇人以上を集めて都内で集会を開くなど成長株として注目された。

また関西では、「マル青同」と同じ思想的な流れの「現代中国研究会」が、底辺労働者や在日朝鮮人問題などに取り組みながら、京大を中心に大学や労働者内の新しい組織として定着していた。

これらの中で「マル青同」や「日本共産青年同盟」などは大衆路線であったが、それ以外は強く武闘色を打ち出し、中には非合法組織を目指しているものもあった。そして各派とも「朴正煕軍事政権打倒」「日韓閣僚会議粉砕」など、韓国を闘争目標にするようになった。

東アジア反日武装戦線の一連の爆弾テロは、連合赤軍事件以来低迷していた新左翼過激派を再生させる触媒として作用した。東アジア反日武装戦線によって、爆弾テロの時代が幕開けとなったのである。

第二章　東アジア反日武装戦線の結成

「狼」結成

東アジア反日武装戦線による爆弾テロは、一九七四年八月三〇日の三菱重工ビル爆破から一九七五年五月四日の間組に対する爆弾テロの約九カ月間、計八件の事件とされる。しかし、それ以前にも爆破事件を引き起こしており、未遂で終わったが、天皇爆殺も企図していた。

東アジア反日武装戦線がなぜ大企業や韓国関連企業を標的にしたのかについては、三菱重工ビル爆破の前に実行した爆弾テロ事件や組織の結成目的を辿ることが理解の手がかりとなる。テロは、言うまでもなく人間が起こす事件である。事件の真実を探るためには、犯人の生きざまやその言動からのプロファイリングが有効となる。

全共闘による東大安田講堂陥落を契機として、学園紛争が下火になった一九七〇年一月頃、法政大学にクラス闘争委員会が結成された。中心人物は当時法大に在学中の大道寺将司であった。委員会には一九六九年、法大文学部史学科に入学した片岡利明もおり、荒井まり子の実姉も同闘争委メンバーだったことから、この三人が知り合った。東京の進学校出身でクリスチャンだった片岡は、「教会べ平連」で活動していた。米軍による爆撃下のベトナムの村での赤ん坊の死をテレビでみて、「坊や、このかたきはきっと討ってやるぞ」と思い立ったという。

北海道釧路市に育った大道寺将司は、中学でアイヌの少女と同級になる。高校の頃、日韓条約反対の集会で日本による朝鮮の植民地支配、朝鮮人の強制連行を知り、日本の侵略の歴史に心を痛めた。

一九七一年、大学での大衆行動に限界を感じた大道寺将司は「革命の先駆性理論にも同調できない。革命の主体になるには流動的労働者の中に入らなければならない」との考えを持ち、法大を退学した。相前後して片岡、荒井も退学したが、三人の関係は続いた。一九七〇年秋、高校の同級生だった大道寺将司とあや子が結婚し、あや子もメンバーとしての活動を始めた。

彼らは退学後も勉強会を通じての交流を続け、レーニンの『帝国主義論』などをテキストにした。勉強会は次第に熱を帯び、過激な武装闘争を指向する声があがるようになった。

「ベトナムでは武器をとって戦っているのに、私たちはぬるま湯でいいのか？　在日韓国・朝鮮人へのいじめを許しているのは、私たち自身が何もしないからではないか？　それは加害者であることと同じではないか？　アジアの人々と心から手を握りあうには、まず日本帝国主義の中枢を撃たなければならない！」

そうした彼らの思いをもとに、東アジア反日武装戦線「狼」は、一九七三年一〇月頃に結成された。当時のメンバー構成は、大道寺将司と妻のあや子、片岡利明、それに荒井まり子の実姉（一九七五年五月自殺）の四人であった。大道寺将司らは一九七三年一二月中旬、爆弾闘争の教本ともいうべき『腹腹時計』の原稿を作成し、一九七四年二月、北海道釧路市の印刷所で二〇〇部を印刷した。三月、荒井まり子の姉は「過激な爆弾闘争にはついていけなくなった」とグループを離れ、実家のある仙台市に帰郷する。入れ替わりに佐々木規夫《のりお》が、次いで四月には荒井まり子が「狼」のメンバーに加わった。

佐々木規夫は北海道立小樽湖陵高校在学中に「社会科学研究会」に入会する。高校時代の成績はクラス中最下位レベルで北大受験に失敗、浪人中の一九六七年、学園紛争中の北大に活動家として姿を見せた。その後上京し、蔵前の倉庫会社に勤めながら、「朝鮮革命史研究会」に所属した。佐々木は一九七〇年一二月二〇日午後、荒川区西日暮里の国電と京成電車が交差する渡線橋に「一二・二八朝鮮革命研究会東部北部集会」のビラ九枚を貼って荒川署に軽犯罪法違反の現行犯で捕まった前歴があるほか、何度も韓国に渡ったことがあった。

佐々木は韓国語に堪能で、逮捕後の家宅捜査で韓国語の独習書などが見つかった。このことから、韓産研事件の際、郵便受けに投げ込まれていた宛先の所長名がハングルの声明文も佐々木が作ったとみられた。

佐々木の長兄はアナーキストで、兄を通じて元都立大生の斎藤和と知り合った。佐々木と斎藤は二人で日高地方に渡り、アイヌ民族を「被抑圧民族」と規定し、彼らと連帯する行動を取るようになる。「狼」の佐々木と「大地の牙」の斎藤との結びつきが、東アジア反日武装戦線への参集につながっていく。

また、爆弾作りについては、佐々木の自宅から爆弾材料が多量に見つかったことからキャップ格とみられたが、大道寺あや子も薬科大学を出ており、爆薬の調合などを担当することで爆弾作りに加わっていた。

「狼」グループは、一九七一年はじめには北海道で合宿するなど、爆弾闘争へと傾いていった。同年一二月に静岡県伊豆の七志之碑、一九七二年四月には鶴見総持寺、同年一〇月には北海道で風雪の群像、北大資料館と相次いで爆破事件を起こし、日本企業の海外進出への批判を強めた。爆弾教本『腹腹時計』はグループの思想的背景を明らかにするとともに、同志を募るためのものだった。それに応じたのが、「大地の牙」と「さそり」である。

「大地の牙」結成

斎藤和は一九六六年、東京都立大に入学、一九六五年六月に結成された「学生アナーキスト連盟」が加入する「東京行動戦線」のメンバーであった。東京行動戦線は「全ての権力に対し直接行動を行う」ことを旗印に、国内の行動アナーキストを結集した集団で、一九六五年一一月には日韓条約反対デモにおいて機動隊にアンモニアを投げつける事件を引き起こした。同グループそのものは約一年後の一九六六年三月に解散したが、その流れは海外でゲリラ行動を続ける日本赤軍「世界革命戦線情報センター」や、武装闘争に関する書籍類を出版している「レボルト社」などいずれも武装闘争路線に結び付いた。

都立大在籍当時、斎藤が過激派集団による街頭や学園における闘争に見向きもしなかったことも、既にアナーキスト思想に染まっていたためとされた。

一九七一年、斎藤は、経営危機を理由に組合活動家を指名解雇した日特金属工業公判闘争で救援対策運動に参加した。そして朝鮮人問題についての集会に参加しながら、アナーキストとしての行動理論、武装闘争への傾斜を深めていった。この頃、斎藤はアイヌ民族問題などを通じて佐々木規夫と知り合い、一九七二年には「アイヌ問題調査」の目的で北海道に二人で旅行をしている。

自殺後、斎藤の部屋から『在日朝鮮人と日本労働者階級』や『黒人革命論』など多数の左翼系理論書が押収されたことからも分かる通り、韓国民主化闘争にも関心を示し、一九七三年韓国に渡った。また、斎藤の内妻・浴田由紀子は北里大在学中の一九七一年頃、斎藤と知り合った。

一九七四年春、斎藤は佐々木規夫をパイプ役として「狼」と交流し、一〇月一四日、ガスヒーターを起爆装置に使った爆弾による三井物産爆破事件で「大地の牙」を名乗り、東アジア反日武装戦線に合流した。

その後は「狼」と連絡を保ち、爆弾テロで使用する電気雷管の提供などを受けるようになる。

「さそり」結成

リーダーの黒川芳正と桐島聡、宇賀神寿一《うがじんひさいち》の三人で構成する「さそり」が「狼」に接近したのは、一九七四年七月、黒川が知り合いの佐々木規夫を通じて大道寺将司に紹介されたのがきっかけだった。そして三菱重工ビル爆破事件の後、黒川は大道寺から事件のことを打ち明けられた。

黒川は東京・山谷で活動する「底辺委員会」の中心メンバーで、大阪・釜ヶ崎を拠点にしていた「解放旅団」の船本洲《ふなもとしゅう》とは共闘関係にあった。船本は東アジア反日武装戦線の爆弾テロに先立つ一九七二年一二月、西成地区の愛隣福祉センターに消火器爆弾を仕掛け、爆発させた経歴を持つ。

船本の行動と理論は、東アジア反日武装戦線に大きな影響を与えた。船本の「寄せ場の労働者の中から革命を起こすべきだ」との考えが、大道寺の「流動的労働者のみが革命の主体となる」との考えと通じるものがあった。

一九七四年一二月、「さそり」がグループとして鹿島建設工場の爆破事件を起こし、東アジア反日武装戦線に参加する意思表示をした。

宇賀神は明治学院大学社会学部在籍中に黒川と出会い、山谷で活動する。宇賀神の後輩で明治学院大学法学部に在籍していたのが桐島で、二人は黒川が指導員である空手サークルで知り合うようになる。

「さそり」の部隊名は、当時流行の劇画からとったものだった。劇画『さそり』は、漫画雑誌『ビッグコミック』に篠原とおるが一九七〇年三月から連載しており、若者に人気があった。殺人事件を引き起こした女主人公「さそり」の刑務所生活を舞台に、社会からはみ出た囚人の生き方が描かれ、梶芽衣子主演で映画化もされた。逮捕後の黒川は「主人公の女囚の生き方に共鳴、部隊名に使った」と自供し、これを裏付けるように黒川の自宅からは多数の漫画本が見つかった。

最後に合流した「さそり」だったが、結果的にこの合流が、東アジア反日武装戦線壊滅のきっかけとなる。「さそり」の毒が、「狼」の息の根を止めたのであった。

企業攻撃の論理

「狼」「さそり」「大地の牙」は、東アジア反日武装戦線というテログループとしてひとくくりにされるが、その主張は三者三様で微妙に異なる。従来の左翼過激派のような、強力な指導部が下部構成員に闘争方針を指令するといったボルシェビキ的な組織形態とは違い、三つの組織がそれぞれ独立し、意見が一致すれば共闘するといった文字通りの「武装戦線」にほかならなかった。犯人一人ひとりも「同志的」なつながりで活動するのではなく、文字通り「一匹狼」としてテロ活動に信念を貫くアナーキズムに徹していた。

さらに、佐々木規夫の近親者の一人は無政府主義者組織「レオポルド社」の創設者で、斎藤らに思想的に大きな影響を与えたものとみられ、斎藤が服毒自殺した以外に三名が青酸カリを持っていたことからも、アナーキー志向であったと思われた。

「狼」の主張は、「日本企業の海外進出こそが日本帝国主義の生命線である。この生命線を断つことこそが日本帝国主義を阻止することにつながる」とする「反日」を信条にしていた。

「大地の牙」は、「日本帝国主義は東アジアに対する再侵略を着々と実行している。これを阻止するには現在韓国に進出を終えた、あるいは進出中の企業を狙うしかない」として、とりわけ韓国進出企業をターゲットにして韓国産業経済研究所を爆破した。

「さそり」は、「日帝の侵略の尖兵は建築資本であるとともに、日雇い労働者の本当の敵も建築資本である。日本帝国主義はこの建築資本で潤っている。だから我々は建築資本を攻撃するのだ」として、海外に進出する鹿島建設などを攻撃した。

東アジア反日武装戦線の理論的背景は、斎藤和と並ぶ理論的なリーダーである大道寺将司が地下出版した『腹腹時計』を通じて構築された。その革命の主体となる階層については、従来のマルクス主義やマルクーゼ理論などによる「多数の労働者、市民」とは著しく異り、社会から疎外された臨時雇いの労働者、抑圧されてきたアイヌ系住民、在日朝鮮人、沖縄県民などであった。国際的には敵である先進資本主義国を新植民地主義と定義するなど、侵略された地域の立場に立った第三世界革命論に通じる発想であった。

さらに彼らは「ゲバリスタ（世界革命浪人）」を自称するジャズ評論家・平岡正明の著作やパンフレット「世界革命運動情報」などからも強い影響を受け、韓国、アイヌ問題にアプローチしていた。そして韓国関連企業に対し攻撃を仕掛けるなど、ゲバリスタ革命理論を地で行く行動を重ねていったのである。

東アジア反日武装戦線と韓国

韓国産業経済研究所爆破事件の犯人のうち、首謀者級の二名が合わせて四回にわたって韓国を往来していた。逮捕された八名のうち、佐々木規夫は一九七二年三月二三日から四月一三日まで韓国を訪れ、逮捕直後服毒自殺した斎藤和は一九七二年四月一四日から五月一三日にわたって韓国を訪問したの皮切りに、一九七三年七月から八月にかけて三〇日間、一九七四年一月から二月にかけて一六日間、計三回韓国に滞在していた。

さらに斎藤和が住んでいたアパートの住人が「一九六九年一二月から一九七一年三月にかけての間に斎藤が韓国に行き、部屋を開けていた」と言ったことから、斎藤がその間も韓国に行った可能性があった。

東アジア反日武装戦線の訪韓は韓国の経済市場、特に日本進出企業の実態を知るためではないかとみられた。爆弾製造教本である地下出版物『腹腹時計』の表紙紙面には、韓国の雑誌『創造』がそのまま印刷されていた。

犯人グループ逮捕後に行われた家宅捜査の結果、佐々木ら八人全員の自宅から韓国・朝鮮関係の書籍が発見された。これらの書籍は、戦争中に朝鮮人労働者を日本に強制連行し、建設現場などで虐待したという歴史を書いたものなどで、東アジア反日武装戦線が出した声明文の作成の際などに参考にしたと思われた。

過激派の韓国に対する闘争

東アジア反日武装戦線は海外進出企業、とりわけ韓国に関連した企業を標的にしてきたが、他の過激派も韓国に照準を合わせていた。

重信房子率いる日本赤軍は三菱重工爆破事件の一カ月前、韓国で近く行動開始することをほのめかしていた。日本赤軍と共闘関係にあったパレスチナ解放人民戦線（ＰＦＬＰ）のバッサム・スポークスマンは一九七四年七月二三日、ベイルートの英字新聞『デーリー・スター』とのインタビューで「日本赤軍は現在、なお極めて活動的で、南朝鮮（韓国）の革命運動に対する連帯の行動を近い将来計画している」と述べた。日本赤軍とＰＦＬＰは幾度となく共同作戦を展開してきたが、ＰＦＬＰが日本赤軍の行動について予告したのは初めてのことであった。

バッサム・スポークスマンは、少なくとも四人の日本赤軍のメンバーがダマスカスにいると述べ、それ以外のメンバーが既にシリアを出国し、韓国を含めた海外に展開していることを示唆した。

そうした中、翌月の八月一五日、韓国で大事件が起こる。日本の植民地支配から解放されたことを祝う記念式典で、朴正熙《パクチョンヒ》韓国大統領が狙撃されたのである。犯人は在日韓国人青年の文《ムン》世光《セグァン》で、発射した銃弾は逸れて、壇上に同席していた大統領夫人が死亡した。

文世光は日本の過激派とつながりがあり、凶器の拳銃の入手も過激派の関与が疑われた。そうした状況で八月三〇日、三菱重工ビル爆破事件が発生したことから、韓国政府は日本の過激派の動向に神経を尖らせた。

韓国政府は一〇月一日から一二月三一日まで、日本人などの外国人や在日韓国人が関釜フェリーを利用して自家用車で韓国に入国することを禁止した。理由は明らかにされなかったが、韓国側は「不純分子に対する保安上の措置」と説明した。日本大使館筋によると、朴大統領狙撃事件犯人の文世光の裁判を狙って、赤軍派など過激分子が韓国内に危険物を車で持ち込むのを警戒してとられた措置とみられた。

東アジア反日武装戦線や過激派が韓国を標的にしたことで、日韓両政府はテロに対する警戒を徹底することになる。

第三章　東アジア反日武装戦線による一連の企業爆破事件

一連の企業爆破事件は、東アジア反日武装戦線の中核として結成された「狼」の主導によって実行された。三菱重工ビル爆破事件を起こした後、「大地の牙」が三井物産、次いで「さそり」が鹿島建設に対し、それぞれ独力で爆破を決行した。「大地の牙」と「さそり」は爆弾闘争を実践することで、「狼」に対する同志の証しを示し、共同戦線に加わった。三グループ合体の旗揚げは間組本社・工場同時爆破の共同作戦でその烽火が上げられた。

爆弾テロへの道

大道寺将司は法政大在学中、クラスメートの片岡と知り合い、後に東アジア反日武装戦線となる中核部隊を結成した。大学紛争の続いた一九七〇年暮れ頃のことで、翌一九七一年初め、大道寺将司とあや子の夫婦、そして片岡利明の三人は爆弾製造に取り掛かり、大道寺夫婦の実家がある北海道釧路市近郊などで爆破実験を行った。その後、三人はいったん離散したが、一九七一年一〇月、再び三人を中心にグループを形成、同年一二月に熱海・伊豆山の七士之碑、一九七二年四月に横浜・総持寺納骨堂の爆破計画を実行に移していった。

「狼」の前身部隊によって爆破された静岡県熱海市伊豆山の興亜観音像を建てたのは、日中戦争において、南京市攻略を指揮した陸軍大将松井石根である。松井は南京市民虐殺を遂行した張本人で、自身が信奉する「大アジア主義」に則って、日本と中国との「融和一体化」を祈願するとして興亜観音像を建てた。しかしそれは「狼」にとっては、中国人民の反日の怨念を押さえつけ、南京大虐殺の犯罪性を隠蔽し、日本の侵略戦争を美化するという反革命的行為に映った。

大道寺らは、さらにレボルト社発行の『世界革命運動情報』や、「ゲバリスタ」を提唱した太田竜こと栗原登一の影響を受けてアイヌ民族問題にも関心を深め、一九七二年一〇月には旭川市の風雪の群像、札幌市の北大アイヌ民俗資料館の同時爆破を決行した。

こうした爆弾闘争を経て、三人が『腹腹時計』の制作に取り掛かったのは、一九七三年暮れ頃で、三人は東アジア反日武装戦線を結成し、自らは「狼」の部隊名を名乗り、東京・奥多摩の山中で三回にわたって爆破実験を繰り返した。一九七四年一月、佐々木規夫と荒井まり子が相次いで加入、二月下旬に『腹腹時計』二〇〇〇部を印刷し、三月一日に大道寺が「丸越礼人」

（マルクス・レーニン）の名で新左翼系書店に郵送した。

一九七四年四月、武器製造工場を作るため、片岡がグループの資金を用いて荒川区町屋のアパートに一室を確保、部屋の一部を間仕切りして電動式の扉を取り付け、その中に旋盤などの工具を設置して作業所にした。

このころから大道寺夫婦と片岡は、奥多摩の日原川や富士山麓の青木ヶ原で爆破実験を繰り返した。実験の結果「威力を高めるためには雷管が必要」と判断し、あや子が雷汞作りに取り掛かった。雷汞を完成させた「狼」は、さらにその牙を磨くことになる。

一九七四年春過ぎには、内部の結束を固める意味から、再び奥多摩でキャンプをして決行に備えた。これと並行して爆弾材料を収集する作業も進められ、八月五日、片岡と大道寺が台東区でペール缶二個を購入、農薬五五kgを主原料に、八月一〇日、爆薬を調合した。いよいよ、テロ決行は秒読みに入った。

東アジア反日武装戦線「狼」が初めてその姿を現したのは三菱重工ビル爆破であったが、最初からそれが標的ではなかった。「狼」が獲物に狙ったのは、この国の「象徴」そのものであった。天皇をターゲットにすることでこの国に反旗を翻す、すなわち文字通りの「反日」を実践することにあったのだ。

虹作戦とダイヤモンド作戦

佐々木規夫を含めた「狼」グループの四人は、一九七四年初め頃、天皇暗殺を企図した「虹作戦」を計画した。これは、グループの爆弾経典『腹腹時計』で謳っていた日帝の侵略の頂点にいるのは天皇という考えから出たものだった。

作戦名は、映画『戦場にかける橋』と大道寺が口ずさんだ映画『オズの魔法使い』の劇中歌「虹の彼方に」から名付けられた。『戦場にかける橋』は第二次世界大戦のタイ・ビルマ国境で、英国軍兵士が日本軍の架けた橋を爆破するストーリーで、犠牲を払いつつも成功に至る内容である。大道寺らは映画を真似て爆破計画を立てたと思えるほど、細部に至るまで綿密さを徹底させていた。

それは、東北本線・荒川鉄橋（赤羽―川口間）で天皇の乗る特別列車爆破計画で示された。ペール缶爆弾による鉄橋爆破とともに、直後に逃走経路を確保するため、もう一つ消火器爆弾を用意し、逃走の道筋にある警察の派出所も爆破しようという周到な作戦を立案したのであった。

爆弾を仕掛ける目標としてまずリストアップされたのは、那須の御用邸から帰京する際、特別列車が通過する荒川鉄橋のほか、戦没者追悼式の行われる日本武道館など数カ所あったが、人目につかず、また一般人を巻き込まずに成功する確率が高いとの判断から、荒川鉄橋に的を絞った。

その後、同鉄橋の下見など調査の結果、爆弾を鉄橋に仕掛け、爆破を成功させるために数百メートル下流の新荒川鉄橋まで鉄線を引き、起爆装置で点火することにした。決行日は天皇が帰京する一九七四年八月一四日午前とし、八月一二日夜、四人は荒川鉄橋から新荒川鉄橋のたもとまで鉄線を引くことに成功した。翌一三日夜、大道寺将司と片岡が爆弾を持って同鉄橋付近まで来たが、人通りがあり、鉄橋と同じ灰色に塗ったペール缶爆弾二個を鉄橋に仕掛けることができなかった。

土壇場で天皇暗殺計画を断念したことは、「狼」にとって大きな痛手となった。そして翌日に韓国で起きた大事件が、「狼」に更なる焦燥感を与える。

八月一五日、韓国の光復節会場において、在日韓国人の文世光が大統領朴正熙を拳銃で狙撃した。「狼」は天皇暗殺が未遂に終わっただけに、文世光の決死的決起に衝撃を受けた。

「狼」は文世光を「戦士」と称え、その戦いに呼応し、再度反日武装闘争の本格的実行に向けての準備にとりかかる。そして「狼」は三菱重工を中軸とする三菱企業群総体に攻撃対象を設定し、本作戦を「三菱」からもじって「ダイヤモンド作戦」と名づけた。

「狼」は起死回生を図って一大テロを起こすことを決定した。その焦燥感は、「虹作戦」失敗で回収した爆弾を、そのまま三菱重工爆破に転用したことにも現れている。列車もろとも鉄橋を爆破する破壊力を有する爆弾を、ろくな検証をしないままにビルの爆破に使用したのである。

三菱重工ビル爆破

攻撃目標に東京・丸の内の三菱グループを選んだのは、犯行直前の八月中旬だった。海外進出企業で、しかも強力な手製爆弾の威力に見合う大企業という狙いから、三菱商事がまず候補にあげられた。しかし下見の結果、三菱グループの中心に位置する三菱重工ビルに変更した。八月二四日までに任務分担や決行日を八月三〇日午後零時四五分とすることが決まり、改めて入念な下見や予告電話の練習が繰り返された。

調合した約五〇kgもの爆薬をペール缶二個に詰めた爆弾が完成したのは、決行日当日の夜明けであった。当時の電電公社の一一七番で正確な時刻を確認したうえ、時限装置を午後零時四五分にセットした。

当日、片岡だけが勤務を休み、午前一一時、大道寺のマイカーに爆弾を積んで南千住からお茶の水へ向かった。正午前、片岡は勤務先を抜け出してきた大道寺と国鉄お茶の水駅わきの聖橋付近で落ち合い、個人タクシーに乗り込んで三菱重工ビル前に到着した。

大道寺は爆弾二個を手にタクシーを下車し、三菱重工ビル正面玄関西側歩道のフラワーポットわきに置くと、そのまま同ビル玄関を通って裏口を抜け、東京駅へ向かった。片岡は個人タクシーに乗ったまま現場から逃走し、この間大道寺あや子が爆弾の近くで爆発一〇分前まで見張りを続けた。佐々木は爆発直前、勤務先近くの公衆電話から、三菱重工ビルへ予告電話を掛けた。電話はなぜか一度切れ、再びかけ直して、ようやく佐々木は通告を読み上げた。

「我々は東アジア反日武装戦線『狼』。三菱重工ビルと三菱電機ビルの間の歩道上に時限爆弾を仕掛けた。直ぐに爆発するので、ビルの窓側にいる人員、通行人、車両を至急避難させなさい。これはいたずら電話では絶対にない」

午後零時四一分。爆発まであと四分しかなかった。

電話を受けた交換手は、冗談にしても庶務課長に連絡しておく必要があると考え、半信半疑のまま庶務課に報告に向かった。交換手がエレベーターに乗り込むと同時に、爆発音が響き渡った。轟音が都心一円を震わせ、遠く新宿までも聞こえたという。三菱重工本社の玄関一帯は一瞬のうちに破壊され、人々を吹き飛ばした。周辺のビルの窓ガラスはことごとく割れ、路上に滝のように降り注いだ。

死者８人を出した三菱重工ビル爆破
https://pbs.twimg.com

死者八人、うち七人は即死状態で、重軽傷者は三七六人に達した。負傷者の大半はガラス片によるものだった。爆風は厚さ一二ミリのガラスを粉々に砕いていた。

テレビの臨時ニュースで被害の大きさを知った「狼」は動揺した。ここまでの被害は予測していなかったのだ。

大道寺ら「狼」グループは、その日の夜のうちに集まった。浅草の喫茶店に集まった四人の「狼」は皆、沈痛な表情を浮かべていた。犯行後の総括会議では、三菱の関係者以外にも多数の被害者が出たことをどう評価するべきかで激しい議論の応酬があった。

なぜここまで被害が拡大したのか。理由の一つは「虹作戦」で使用するはずだった列車爆破用のセジット爆弾を用いたためと考えられた。「虹作戦」が途中で中止となり、爆薬の破壊力はわからないままだった。また、長年にわたって兵器産業を手掛けてきた三菱重工であれば、警告に対する反応も機敏に行なわれると思い込んでいた。やはり警戒が厳しくなるとはいえ、人出の少ない夜間の作戦を採るべきだったという後悔の声も上がった。

しかし、結局「死傷者全員が日本帝国主義のおこぼれを預かっている連中だ」との身勝手な理屈で、「三菱重工ビル爆破は正当だった」とした。

三井物産爆破

想定外の被害の大きさに怯んでいた「狼」だったが、この事件の余波は他のグループに確実に刺激を与えた。

「大地の牙」の斎藤和、浴田由紀子の二人は、「三菱に匹敵する海外進出搾取企業」として三井物産を次の目標に決めた。

爆弾は斎藤が湯タンポなどを購入、浴田がトラベルウォッチを時限装置用に改造するなどして製造したが、起爆用の雷汞がなく、代わりにガス点火用のヒーターを使用した。

決行当日の一〇月一四日、浴田は世田谷区松原の下宿を出て、電車を乗り継ぎ、都営地下鉄三田駅へ向かった。浴田は午後零時一六分頃斎藤と接触、爆弾入り手提げを受け取り、一人で同地下鉄内幸町駅から三井物産に侵入し、午後零時三五分頃爆弾を仕掛けた。

浴田は三井物産女子職員に変装するため職員用スーツを自分で作り、地下鉄三田駅のロッカーに隠して置いておき着替えた。帰りにはたびたび途中下車して、また着替えて尾行に注意し、脱いだ服はカミソリで切り刻んで駅のトイレに少しずつ捨てるという念の入れようだった。

一方、斎藤は三田駅で浴田と別れた後、あらかじめ打ち合わせ済みの国電五反田駅前の公衆電話で、浴田から「仕掛けた」との連絡を受けた。その後、零時五一分から五四分までの三回、三井物産労務部などに予告電話を掛けた。この時初めて「大地の牙」を名乗った。

三井物産爆破による重軽傷者は一四人であった。

帝人中央研究所爆破

三井物産爆破からほどない一九七四年一〇月末、「狼」グループが集まり、千代田区内幸町の飯尾ビル内の帝人本社の爆破を決めた。しかし、雑居ビルで攻撃目標に不適と判断、日野市の帝人中央研究所に目標を変更した。

一一月二三日、大道寺将司の車に爆弾を載せ、片岡と二人で同研究所裏手の雑木林に隠した。一一月二四日夕、新宿で「狼」グループ四人が会い、大道寺将司と片岡、大道寺あや子と佐々木の二手に分かれて国鉄中央線で日野に向かい、大道寺将司と片岡が同研究所の塀を乗り越えて侵入、隠しておいた爆弾を研究所の中和槽操作盤室内に仕掛けた。

爆弾は一一月二五日午前三時一〇分頃爆発したが、死傷者はなかった。

帝人は日本で最初の人造絹糸製造会社として創業し、日中戦争時から軍需産業へと進出した。戦後は朝鮮戦争やベトナム戦争特需で莫大な利益を上げ、「死の商人」として東アジア反日武装戦線の標的にあげられた。

大成建設爆破

一九七四年一二月一〇日午前一一時五分頃、東京都中央区銀座の大成建設本社ビルわきの路上で、大音響とともに爆発が起きた。この爆発で、向かい側の大倉ビルに勤める会社員ら十三人が両耳や頭などに大怪我をし、救急車で病院に搬送された。

爆発地点は大成建設本社ビル角の側溝の上で、厚さ五センチの側溝のコンクリートが壊れ、爆風でそばに駐車中の二トントラックが横転した。鉄製の側溝の覆いが路上に飛び散ったことが、爆発の威力を物語っていた。また、本社ビル一階駐車場の天井や玄関の窓ガラス、二から三階の窓ガラスなども激しく破壊された。

爆発前の午前九時四五分頃から大成建設本社とすぐ近くの大倉商事に、爆発物を仕掛けた犯人らしき男から連続して四回、予告の電話がかかっていた。最初に電話を受けた大成建設総務次長によると、「東洋の牙の者だ。爆弾を仕掛けたのですぐ退避せよ」との内容であったという。

大成本社ビル前路上からは壊れたトラベルウォッチの破片やネジ数個、乾電池の破片、厚さ数ミリのブリキ缶などが押収され、警視庁と築地署によると、混合火薬を使った時限爆弾による犯行と断定された。

大成建設は前身である大倉財閥を創業させた大倉喜八郎が、幕末に幕府軍と薩長軍双方に武器を売り渡すことで利益を上げた。明治維新後は呉や佐世保などの軍港建設を受注し、日清戦争が勃発するや、「意を決して自ら朝鮮に渡り、日韓貿易の先駆者たらん」として朝鮮進出の一番乗りを果たした。

戦後は一九五九年頃から東南アジアを中心に海外工事を手掛け、業界では海外での受注は第一位であった。

大成建設を爆破したのは「大地の牙」であり、「東洋の牙」は事務次長の聞き間違いと思われる。「大地の牙」は犯行声明で、「旧大倉組（大成建設）によって強制連行・強制労働させられ虐殺されたすべての朝鮮人民・中国人民の恨みを晴らす闘い」であると主張した。

鹿島建設爆破

一九七四年一二月二三日、「さそり」は鹿島建設の資材置き場に爆弾を仕掛け、爆発させた。爆弾の材料にした除草剤は水戸で購入した。桐島聡が見張りをし、黒川芳正が爆弾を仕掛けた。「爆弾」といっても威力は打ち上げ花火程度で、死傷者は出なかった。

作戦名は「花岡作戦」で、戦時中、鹿島建設の花岡鉱山に強制連行された中国人が過酷な労働に抗議し一斉蜂起したが、鎮圧され多くの人々が虐殺された「花岡事件」から命名した。

連続する企業爆破テロ

一九七四年一二月、大道寺将司、斎藤、黒川が頻繁に会うことで、「狼」「大地の牙」「さそり」の三部隊が正式に合体することを決定した。その後は、各々が爆破計画を立てるたびに各グループ代表の三人が集まり、合意が得られると「狼」が電気雷管を作り、発案グループの責任で爆破を決行する体制になった。

とはいえ、各グループとも互いに次の計画を通告するだけで、それぞれが独自に爆弾闘争を展開するアナーキズムに徹していた。計画に意見はするが従う必要はなく、各グループの裁量に任せるという暗黙のルールが存在した。

例外的に、一九七五年二月二八日に同時多発的に発生した間組爆破事件だけは、三者合同で行われた。マレーシアで同社が手掛けるダム建設に反発するゲリラと足並みを揃えることで、同社の現地撤退を促す試みだった。

「キソダニ・テメンゴール作戦」と名付けられた爆弾計画の由来は、戦時中に間組が行った木曾谷水力発電所建設に強制連行された中国人の強制労働を糾弾し、さらに戦後も間組が主導するマレーシアのテメンゴールダム建設反対運動に連帯する意味を込めて命名した。

もともとは「さそり」の発案した計画だったが、間組は中国人を強制連行し、過酷な労働を強いた日帝の侵略企業であるとして、「狼」と「大地の牙」が「さそり」の計画に同調し、ここに三班合同の爆破テロが行われることになった。

二月二八日午後八時、東京都港区の間組本社六階と九階で爆発が起きた。同時に埼玉県与野市の間組大宮工場でも爆発が発生した。死者はなかったが、負傷者五人と本社コンピューター室が破壊されたため、間組の負ったダメージは深刻だった。

作戦の分担は、「狼」がテメンゴールダム工事を担当する部署のある本社九階のコンピュータールームを、「さそり」が海外事業部のある六階を、そして「大地の牙」が大宮工場の爆破を分担する共同作戦がとられた。「さそり」の桐島が爆弾を青山までトランクで運び、それを受け取った宇賀神が六階のロッカーの上に置いた。予告電話を掛けたのは黒川であった。

爆弾テロに対して間組副社長は、「(テロに屈することで) 海外進出をやめるつもりはない」と発言し、これが犯行グループの怒りに火をつけた。東アジア反日武装戦線は、間組に対して執拗な爆弾テロを繰り返すことになる。

再三にわたる間組に対する爆弾テロ

一九七五年四月二七日深夜、千葉県市川市の間組江戸川作業所で、突然大きな音とともに爆発が起き、白煙が舞い上がった。プレハブ平屋建て約八〇平方メートルの作業所は、鉄柱がすっぽり抜け、窓ガラスが粉々に飛び散るなど内部が激しく壊れ、約六畳の宿直室の床が崩れ落ちた。この爆発で、宿直室に一人で寝ていた社員が爆風や吹き飛んだ破片などで顔や足に重傷を負い、意識不明のまま松戸市内の病院に収容された。

爆破予告はなく、当初は一九五八年四月二八日に発効したサンフランシスコ講和条約で、沖縄がアメリカの施政下に置かれたことを「屈辱の日」とする「四・二八沖縄デー」に合わせた犯行とみられた。

しかし、現場検証の結果、爆弾には塩素酸塩類を使った痕跡や宿直室床下に時限装置付きの小型爆発物が仕掛けられていたことから、一連の企業爆破を実行した東アジア反日武装戦線の犯行と千葉県警捜査本部は断定した。

しかしこの爆弾テロが、東アジア反日武装戦線に対して誤算を生じさせた。一つは爆発によって重傷者を出したことで、これは爆弾を仕掛けた桐島聡自身に負い目を感じさせた。もう一つは、爆発現場から江戸川を挟んだ鉄橋に仕掛けた爆弾が不発であったことだ。そのため東アジア反日武装戦線は、三度目の間組に対する爆弾テロを決行することになる。

五月四日未明、東京・江戸川区の京成電鉄成田線の橋梁架設現場で、大音響とともに爆発が起きた。連休中のため工事用の空気圧縮機が破壊されただけで、人的被害はなかった。この橋梁工事の橋台部分を間組が請け負っており、爆破現場の堤防には「間組江戸川作業所」の看板があったことから、ターゲットは間組にほかならなかった。

事件当初は成田空港建設に反対する過激派の犯行と思われたが、四月二八日の爆発事件と同一の爆弾が使われたことから、東アジア反日武装戦線による間組への連続テロとみなされた。

間組が政府と癒着した海外進出によって莫大な利潤をあげていることを、当時の自民党代議士・荒船清十郎は得意げにこう言い放った。

「東南アジアの国々に出している賠償金は役務賠償といって全然カネは出していない。たとえば間組があちらへ行ってダムとか鉄道を造って、その金を日本の大蔵省が間組に支払えばよいのです。だから間組に一億円払ったら、三億円払ったということにすればよい。野蛮国で、鉄道を一度見たら死んでもよいという奴等がいっぱいいる国だから、それで済んでしまう」

ここには、アジア太平洋戦争で多くのアジア諸国の人々が犠牲になったことについての贖罪の意識は全くない。さらに戦争による「賠償金」といっても、それは日本企業が潤うだけの「投資」にほかならないことを、この自民党代議士は臆面もなく明らかにしている。

三菱重工ビル爆破事件以後の九件の爆破について、三菱重工、帝人中央研究所が「狼」、三井物産、大成建設、韓産研、オリエンタルメタルの四事件が「大地の牙」、鹿島建設、間組京成江戸川作業所・京成江戸川鉄橋の各事件が「さそり」、間組本社・大宮工場同時爆破が三部隊共同の犯行となる。

これらの事件で標的となった大企業はすべて、戦前アジア諸国に進出し、現地住民を酷使することで巨額の利益を上げた。そして戦中は国策に則って朝鮮人をはじめとするアジアの人々を強制連行し、軍需産業や鉱山などでの危険な労働に従事させた。戦後は高度経済成長にあった日本の海外進出の先兵となり、経済第一主義を推し進め、再び経済的搾取を繰り返した。

東アジア反日武装戦線にとって、こうした企業の利益至上主義は、日本人の戦争犯罪に対する反省が微塵も感じられないものと映った。その厚顔無恥ぶりをテロによって暴露し、満天下に知らしめることが、彼らのねらいであった。

第四章　武装解除された東アジア反日武装戦線

テロリスト、表と裏の顔

一九七五年五月一九日は、朝から激しく降る雨で肌寒く感じられた。早朝、警視庁は都内に潜伏していた東アジア反日武装戦線のメンバー七人を爆発物取締罰則第一条（爆発物の使用）違反容疑で一斉に逮捕した。「潜伏」していたというよりも、日常生活を営んでいた犯人逮捕である。

爆弾教書『腹腹時計』にあるように、「平凡な暮らし」に徹することで社会に埋没でき、それゆえ警察の目から逃れられると踏んできた。それがかえって油断につながったともいえたが、犯人グループにとって虚を突かれたのは否めなかった。同日午後には、短大生荒井まり子も新たに仙台市で逮捕され、警視庁に連行して本格的な追及が始まった。

逮捕・連行される大道寺将司
https://blog-imgs-24.fc2.com

逮捕当日、大道寺将司は荒川区南千住の自宅アパートを出て駅へ向かう途中、捜査員に取り囲まれた。いったんは逃走を図ったが、爆発物取締罰則違反容疑で逮捕された。大道寺は青ざめていた。その理由は、いつも携行していた自殺用の青酸カリ入りカプセルを、その日に限って机上のペン皿に置き忘れていたからだった。

犯人グループが一斉に逮捕されたということは、警察が事前に犯人の目星を付け、行動を把握していたことを意味する。犯人グループは警察の掌で泳がされていたのであり、韓国産業経済研究所爆破は、警察の監視下で行われていた節がある。「一斉逮捕」「犯人の泳がせ」は公安警察の手法であり、韓産研爆破は、東アジア反日武装戦線にとどめを刺す露払いとも言えた。

東アジア反日武装戦線の犯人グループは、毎朝満員電車に揺られて会社へ向かう、ごくありふれたサラリーマンという「羊」の顔を持つ一方で、「狼」の牙を剥き出しにして時限爆弾をセットする狂気の顔を併せ持っていた。

連続企業爆破事件の容疑者として警視庁に逮捕されたテロ実行犯の八人は、いずれも二六歳と二七歳の若者たちであった、彼らは平凡という仮面をかぶり、市井の中に融け込んでいながら、凶暴な牙を日夜磨いていた。八人の中には二組の夫婦もおり、マンションやアパート、民家の間借りで、爆弾テロに向けて虎視眈々とその機会をうかがっていた。

犯人が暮らしていた近所の人たちは、申し合わせたようにこう言う。

「礼儀正しくて、感じのいい人たちだった」

まさに「表面上はごく普通の生活人である」ことをテロリストに求めた経典『腹腹時計』の教え通り、平和的な市民生活を装い、捜査陣の目をくらましていた。

『腹腹時計』は、「極端な秘密主義、閉鎖主義は、かえって墓穴を掘る結果となる。表面上は、ごく普通の生活であることに徹すること」を強調していた。職場でも「組合などで極左的、原則的にゴリ押ししないこと、経営者は直ぐにタレ込みをする」と、ありふれた市民に徹することを不可欠としていた。これを裏付けるように、佐々木らは会社では過激派的な行動を取ったり、組合運動に従事することなく、どこにでもいる普通の会社員として勤めていた。

しかし、帰宅後は電話などで連絡を取り合い、喫茶店や駅、繁華街の雑踏の中でひそかに落ち合い、爆破準備を打ちあわせていた。その際も、私服刑事が張り込んでいないかを探るための見張りを立てた。それは尾行を続けた捜査員が舌を巻くほどの細心さだった。

作られた「平凡さ」をまとうことによってテロリストは市民社会に潜伏し、大企業を狙った爆弾闘争を繰り返していたのである。

「狼」が犯行を予告した理由

三菱重工ビル爆破の際に「狼」は電話で犯行を予告し、避難を呼び掛けた。それまでの「狼」のテロでは犯行声明を出すことはなく、警察は犯行グループの正体とテロの動機をつかみかねていた。

従来、爆弾闘争を引き起こした過激派で「我々が実行した」と公然と宣言する例はまれであった。ところが「狼」グループは、三菱重工爆破ビル事件の犯行後、堂々と声明文を発表した。犯行前でも、わざわざ『腹腹時計』を出版して、爆弾闘争を宣言した。捜査当局は、「狼」グループはかつて爆弾闘争を実行したが注目されず、自己顕示欲が満たされなかったのではないかとみた。『腹腹時計』の中でも「現在いくつかの爆弾事件で警察から追及されているが、致命的な捜査資料は残していない」と自信満々に述べていた。

「狼」グループの大道寺将司らは、赤軍派の梅内恒夫《うめないつねお》が地下から発表した論文の中で、大道寺らの初めての爆弾闘争・七士の碑爆破事件を批判したことに反発し、梅内らに対抗意識を燃やしながら爆弾闘争をエスカレートさせていった。梅内は一九七二年春、地下から新左翼系雑誌に発表した論文「共産同赤軍派から日帝打倒を志す全ての人間へ」の中で「(東条英機首相らA級戦犯を記念した七士の碑のように)戦犯の記念碑を爆破した奴がいたが、そんなことをしたって、日帝にダメージを与えるわけではないし、世の中が変わるわけではない。爆弾の無駄遣いではないか」と主張した。

この批判に対し、「狼」は爆弾教本『腹腹時計』で梅内の言動を、「地下潜行中の某人が公表した文章にみられる待機主義は否定しなくてはならない」として反論していた。また、逮捕後の捜査本部の調べに対し、大道寺と片岡利明の二人は、企業爆破事件の前の七士の碑事件をはじめ、横浜市鶴見区の総持寺納骨堂爆破事件、札幌市の北大アイヌ民族資料陳列台、旭川市の風雪の群像同時爆破事件の四件も自供したが、このうち最初の七士の碑事件について大道寺は「梅内にどうしてそんなところを狙ったのかと批判され腹を立てた」と自供した。

このほかにも『腹腹時計』には、リンチ事件で自滅した連合赤軍を「都市ゲリラ戦の基本原則の欠如」と指摘した個所もあり、大道寺ら「狼」グループは、赤軍派の武装闘争を念頭に置きながら、「窮民革命論」に基づいてアイヌ民族関連施設や韓国関連施設、海外進出企業を攻撃目標に設定し、爆弾闘争を展開したのであった。

爆弾教書『腹腹時計』

一九七〇年代初頭、左翼過激派の間に『日韓政財界関係図解』というパンフレットが出回っていた。韓国に進出する日本の大企業と韓国の財閥、政界の結びつきを図解したもので、三菱や三井など爆弾を仕掛けられた企業も名を連ねていた。爆弾教書『腹腹時計』を書いた「狼」が、『日韓政財界関係図解』を手本にした可能性も取り沙汰されていた。発行元は「日韓関係研究会」であるが、一九七三年五月、旧ベ平連グループが出した雑誌『英文アンポ』に掲載さ

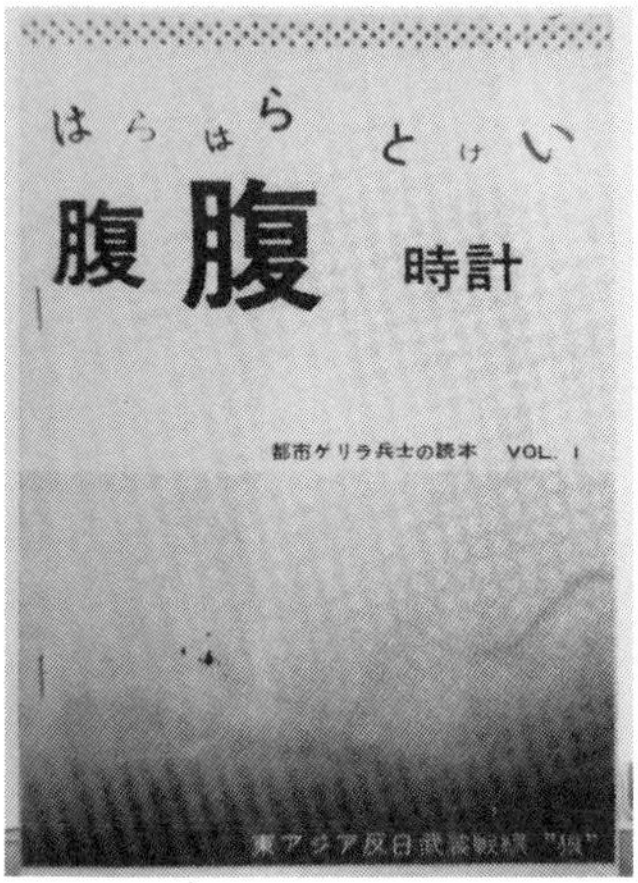

爆弾教書『腹腹時計』
『未解決事件現場を歩く　激動の昭和編』双葉社、2015 年

れた韓国進出企業と日韓政財界の相関図がネタ元になっていた。

『腹腹時計』の裏表紙には、韓国ソウルで発行され、発禁処分となった反政府系総合雑誌『創造』の一九七二年四月号の表紙がカットとして使われた。同号は一九七二年三月二三日に発売されたが、韓国の抵抗詩人、金芝《キムヂ》河《ハ》の「蜚語」が掲載されたため、四日後に韓国当局から発禁処分を受けた。

当時、この『創造』四月号は五千部発行されたが、三千数百部が当局に押収され、外部に出回ったのは一千余部足らずといわれた。これを日本国内で入手することはほとんど不可能で、これらの点から、犯人グループに渡韓経験のある人物がいるとの見方が強まった。

『腹腹時計』の「ハラ」は、韓国語では「せよ」とか「やれ」という指示や命令を表す言葉である。武装闘争を呼び掛ける掛け言葉として使ったとみられなくもなく、犯行グループは韓国語に詳しいか、韓国通といわれた。

『腹腹時計』は一九七三年暮れ、大道寺が爆弾闘争の理論付けをした総論部分を、片岡利明が技術部門をそれぞれ執筆担当した。印刷に当たっては、内容が爆弾に関するものだけに、東京都内で印刷することは危険と考え、釧路市内のH印刷会社を思いついた。このため一九七四年一月頃、大道寺が道立釧路湖陵高校の二年先輩を通じてH印刷に依頼したところ、承諾してくれた。

出来上がった『腹腹時計』約二〇〇部は、大道寺が釧路へ受け取りに行き、一九七四年二月下旬、東京都内や関西の新左翼系書店約一〇店舗に郵送した。その際、大道寺はマルクス・レーニンをもじったペンネーム「丸越礼人」を使って発送し、「代金の請求権を放棄する」と小型和文タイプで打った納品書を添付した。

片岡利明は逮捕後の取り調べに対し、「大道寺が原稿を郵送、印刷してもらった。表紙の装丁は印刷所に任せたので、表紙にイラスト代わりに印刷されている『創造』のことは知らない」と供述した。しかし、大道寺らの押収品には問題の『創造』は含まれておらず、特捜本部では印刷を依頼された大道寺の先輩が『創造』を入手し、装丁に使った疑いが強いとみて、爆発物取締罰則第四条（教唆扇動）の適用を検討した。

テロの実践教書となった『腹腹時計』

「狼」が地下出版した爆弾教科書『腹腹時計』は、「ゲリラ兵士」の心得として「表面上は、ごく普通の生活人に徹しろ」と述べた。「長髪でひげをたくわえたり、学生活動家特有の用語を使うなどの左翼的粋がりを捨てろ」と説いていた。この態度は爆弾の容器とその置き場所をみても分かる。

三菱重工は円筒形のペール缶。三井物産は湯たんぽを四角の缶に入れたもの。帝人中央研究所は消火器。大成建設は石油ストーブのタンク。ありあわせのものを使っているように見えるが、実は細かい計算が働いていた。

三菱重工のペール缶は、同ビル地下にあった映画会社が持ち込むフィルム缶にそっくりで、三井物産は仕掛けた場所が通信部室前の廊下で、テレックスに使うコピー用紙の包みに似せて置いていた。帝人中央研究所では隣室がプロパンガスボンベの貯蔵庫であることから、消火器を置いても不審がられなかった。大成建設にいたっては溝にぴったりの大きさで、コンクリートでまぶしていたことから、踏み板と間違えそうだった。爆弾は全て保護色で似せていた。

尼崎ビル爆破事件では、仕掛け場所とみられた複写室（約六平方メートル）周辺から「かつおぶしフレッシュパック」の文字があるブリキ缶の破片と段ボール箱の小片などが発見された。このことから爆弾を贈答品に見せかけたと考えられた。

また、壁などの付着物を県化学検査所で分析した結果、使われた爆薬は塩素酸ナトリウム、黒炭、硫黄、硝酸カリを混合したものと分かった。さらに積層乾電池（九ボルト）とビニール電線、トラベルウォッチと認められる角形時計の文字盤なども見つかったことから、缶に爆薬を詰め、電池で作った時限起爆装置をセットしたうえ、ダンボール箱に詰めて持ち込んでいたことが判明した。

おまけに「狼」は陽動作戦も展開した。国電御茶ノ水駅から、爆弾を三菱重工まで運ぶタクシーの中で仲間の名前を言ってみたり、地下鉄の中で「電車がいっぺんに吹っ飛ぶ」と言ったり、「目覚まし時計」などと喋ったりした。ゲリラ兵士としては目立ちすぎる言動で、警視庁幹部の中には不用意に喋ったとする説もあったが、他の手口が巧妙なだけに、陽動作戦と見る向きが多かった。

東アジア反日武装戦線は爆弾テロのたびに声明文を出したが、「狼」以前の爆弾事件で犯行グループがわざわざ「自分たちがやった」と宣言した例はなかった。

「ゲリラ兵士の心得」に反するこの自己顕示欲は、どこから来たのか。

「今回の作戦は、三菱をボスとする日帝の侵略企業、植民者に対する攻撃である」（三菱重工＝「狼」）

「鹿島建設は、植民地人民の生血をすすり、死肉を喰らい獲得した全ての資産を放棄せよ」（鹿島建設工場＝「さそり」）

声明文は、決まって日本のビッグビジネスを告発するスタイルをとった。「闘いの本質を歪曲し隠ぺいするマスコミ」（『腹腹時計』）とこき下ろしながら、そのマスコミに声明文を送りつける不可解さもみせた。この態度は、利用できるものは利用しようという実利的な考えの裏返しとも思え、事実、海外進出企業は爆弾テロに怯えることになる。

「狼」の目から見れば、大企業の海外進出は、現地住民を犠牲にする「帝国主義の経済侵略」

ということになる。狙われた企業は、韓国を中心に、東南アジアに進出しているところがほとんどであった。それを爆破という異常な手段で国民に知らせるのが、彼らの狙いにほかならなかった。

ベストセラー『腹腹時計』

連続企業爆破事件の爆弾教本となった『腹腹時計』は、その後数奇な運命を辿る。民族派右翼や過激派が複写して仲間に配布したり、一部千円前後で売りさばいたのである。事態を重視した警視庁公安部は、この海賊版をテログループが利用、爆弾闘争を行う恐れもあるとして、民族派右翼については極力説得などをして回収を始めた。

公安部の調べでは、民族派右翼は『腹腹時計』に対して「昭和維新を目指す我々にとって、ゲリラ兵士の基本的注意事項の『ゲリラ兵士は酒を飲まぬ。酒は平常心を失わせ、破目を外し、油断を生じやすくする。これは最大の敵である』というくだりは、本来の右翼が守らなければならないことだ」と評価し、右翼の間で隠れたベストセラーとなっていた。右翼学生組織のある団体はこの『腹腹時計』を数十部複写し、組織員に配布したり、一部千円前後で売りさばいた。警察の取り締まりの甲斐もなく、『腹腹時計』は爆弾テロの実践的教科書として次世代へとバトンを継がれていくことになった。

余談ではあるが、極左と極右の間には奇妙な親和性がある。一九七〇年代の学生運動活動家に支持されていたのが、漫画『あしたのジョー』と任侠右翼のヤクザ映画であった。『あしたのジョー』は「よど号」事件の田宮高磨が「出発宣言」で、「我々はあしたのジョーである」と自ら称したように、当時の若者の心をつかんだスポ根漫画であった。

『あしたのジョー』と同じくらい全共闘世代の若者が熱狂したのが、ヤクザ映画であった。特に高倉健主演の「昭和残侠伝」シリーズが支持され、決め台詞の「死んで貰います」のシーンで歓声を上げるのは活動家学生たちであった。

「さそり」のメンバー、宇賀神寿一の自宅アパートがガサ入れされた時、『山口組三代目』や『田岡一雄伝』などのヤクザ本が発見された。また、『腹腹時計』には「身体を張って自らの反革命にオトシマエをつける」などのいわゆる「ヤクザ言葉」が随所にみられた。

右翼にしても左翼にしても、巨大な敵にたった一人で立ち向かう主人公のヒロイズムに、当時の若者は酔い痴れた。「命を懸けて戦う」という彼らにとっての美学が、テロの道へと若者を導いたのである。

斎藤和の服毒自殺

「大地の牙」の斎藤和は、逮捕当日の五月一九日午前一〇時三〇分頃、警視庁の留置場で取り調べ中、突然顔色が真っ青になり、よだれを垂らし、口から血を流して倒れた。警視庁は東京・千代田区の警察病院に運び、内科部長ら十数人の医師団による人工呼吸や心臓に電気ショックを与える治療を施したが、午後二時一五分死亡した。当初は「心臓発作で死亡」と発表された。

斎藤は取り調べに先駆けての写真撮影の際、係員の「もっと右に寄れ」という指示に対し「そっちの方が寄れ」と言って、その場で倒れた。

逮捕当日の五月一九日午前八時二三分、捜査員が斎藤宅に出向いたが、中から錠が掛かっており、実際に踏み込んだのは約四分後であった。斎藤が裸で寝ていたため、衣服をつけるのに三分を要し、逮捕したのは八時三〇分頃だった。それから警視庁地下室に連行したのが午前九時半頃で、斎藤は冗談を言うほど元気だった、斎藤は、捜査員が部屋に踏み込む直前に浴田のペンダントからカプセルを抜き出して服毒したとみられた。

青酸カリは、薬剤師であった大道寺あや子が職場から盗んだものだったが、現在では考えられない杜撰な劇薬管理であることがうかがえる。

斎藤の内妻・浴田由紀子は、名前などを尋ねた取調官に「そんなこと既に調べているでしょう」と吐き捨てるように言い、斎藤の自殺が伝えられた五月二〇日夜にも「ハイ、分かりました」とすでに死んでいることを知っているように答えただけであった。

東アジア反日武装戦線のメンバーは青酸カリを常に携行し、死を普段から意識していた。しかし、「死」の呪縛はメンバーだけでなく、その家族や周辺も巻き込んでいった。

荒井まり子の姉の自殺

逮捕された東アジア反日武装戦線のメンバーで自殺したのは斎藤和一人であったが、荒井まり子の姉も、妹の逮捕から一カ月後に自殺した。姉は五月二八日夕、茨城県勝田市内の常磐線線路わきの草むらの中で、遺体で見つかった。五月二五日夜、家族と一緒に東京から宮城県古川市の自宅に戻る途中、列車内から突然姿を消したもので、警察はトイレの窓から飛び降りて自殺したものとみた。

姉は一九七〇年四月から、妹まり子と川崎市多摩区の父親の実家に世話になっていた。まり子は法政大に通い、姉は同市内の洗剤メーカーなどに勤めていた。姉は一九七三年一〇月頃に結成された「狼」の創設期のメンバーであった。姉は一九七四年三月、大道寺らの「過激な爆弾闘争にはついていけなくなった」との理由でグループから脱退し、実家のある仙台市に帰郷していた。そして入れ替わりに、四月から妹のまり子が「狼」のメンバーに加わったいきさつがあった。

まり子の逮捕後、姉は父親と差し入れに上京していたが、気丈な両親とは裏腹にふさぎ込んでいた。五月二四日頃には、某団体が自宅近くに宣伝カーで乗り付け、「教育荒廃が爆弾事件を生んだ」と演説したので家族もかなりショックを受けていた。

姉の自殺の原因は分からなかったが、自らも「狼」に属し、妹が爆弾テロ加わったことに対する贖罪の意識があったものとみられた。

第三の男の自殺

実はもう一人、東アジア反日武装戦線関連で自殺した人物がいる。「狼」のリーダー大道寺将司と旧知の仲で、初期の爆弾テロに関与したHである。

「狼」の大道寺グループは一九七一年一二月一二日の七士之碑爆破をはじめ横浜市の総持寺納骨堂（一九七二年四月六日）、札幌市の北大アイヌ民俗館資料陳列台（一九七二年一〇月二三日）、旭川市の北海道開拓記念「風雪の群像」（同日）の四件の爆破事件を実行していたが、Hはそれらの爆弾テロに加わっていた。

Hは一九六九年に法大文学部史学科に入学、大道寺を中心に結成された法大クラス闘争委員会に参加し、リムパック阻止闘争（一九六九年六月）などで逮捕歴が二回あった。当時から大道寺らと親しく、法大中退後、大道寺らと北海道釧路市近くの原野で行った爆弾実験にも参加していた。

自殺当時、Hは長野県中野市在住で青果業を手伝っていたが、六月一三日、同県下水内郡の林道で自動車の排気ガスを吸って自殺した。

遺書では爆破事件について一言も触れておらず、数週間前、見合いをした相手との縁談が壊れ、それ以来ふさぎ込んでいたことから、失恋を苦にしての自殺と思われた。しかし、六月一三日には大道寺らの共犯者としてHが捜査線上に浮かんでおり、これが失恋と重なり、ショックを受けたとみられた。

北海道の二件の爆弾事件以降は、大道寺らの過激路線についていけなくなって脱落しており、県警本部ではその後の一連の企業爆破事件とは関係が薄いとした。

爆弾テロの死の連鎖は、悲劇となって周囲を巻き込んでいったのだった。

東アジア反日武装戦線の武器工場

警視庁特捜本部は、八人の爆弾犯の自宅から約三五〇〇点にのぼる証拠品を押収したが、その中にはトラベルウォッチ二〇個、爆弾原料となる除草剤合計一二〇kgと爆弾経典『腹腹時計No.2』とみられる文書などが含まれていた。除草剤は間組本社爆破事件に使われた爆弾に換算すると六〇個分に当たり、特捜本部は犯人グループが東京、関西を中心に多発テロを計画、準備していたと断定した。

さらに警視庁特捜本部は、主犯格の佐々木規夫宅の捜索の結果、佐々木が爆弾製造やモデルガン改造のため、アパート内の地下工場で作業する際、隣室の住人などに不審な物音を気づかれないよう、カセットテープでお経を流していた事実を突き止めた。

佐々木が東京・北区中十条のアパートから足立区のアパートに引っ越して来たのは、一九七五年三月中旬だった。佐々木は逮捕されるまでの二カ月余りの間、スコップで床下に深さ約二メートル弱の穴を掘り、二メートル四方の地下工場を構築し、改造モデルガン一〇丁や改造銃弾約一〇〇発を製作、そして爆弾作りを進めていた。

地下工場にはグラインダーなどの工作器具もあり、作業の際はかなりの音がしたことになる。佐々木のアパートからはスピーカーやテープレコーダー、カセットテープ数本が見つかり、テープには佐々木の読経の声ばかりが吹き込んであった。近所の住民から「若いのに宗教心の厚い人だ」と評判が立つほどだったが、これが爆破犯の素顔を隠すカモフラージュにもなっていた。

爆弾男、片岡利明

警視庁特捜本部は、逮捕した犯人グループの供述や証拠品の分析から、東アジア反日武装戦線「狼」の片岡利明が、爆発物の製造では一味のうち最も高度な技術を持つ「爆弾男」であることを突き止めた。強力な爆弾を破裂させるため電気雷管を作ることができるのは片岡一人だけで、「狼」グループが片岡の製造した電気雷管を「大地の牙」「さそり」の両グループに渡していた。これまで三グループは、それぞれ独自の爆破作業を決行する一方、相互に協力し合ったとされていたが、片岡の手製電気雷管が他グループに流れていたことが分かったことで、三グループは密接な連携を保ちながら犯行を重ねていた事実が裏付けられた。

片岡を「爆弾男」と断定したのは、片岡の自宅から手製雷管と製造に必要な材料、工具が大量に見つかったためであった。捜査本部が押収した工具類などは、ビニール被膜線八点をはじめテスター、糸ノコ、電気ハンダごて、ペンチ、ホルダー、ピンセット各一点、ノギスセット

一式、ビニールテープ二点、乾電池四本など多種にわたっていた

また、片岡が取り調べに対し「一九七一年一二月の横浜市鶴見区の総持寺納骨堂爆破から爆弾闘争を始めた。強力な威力を持つ爆弾を作ろうと自分で研究しているうち、手製の雷管を作れるようになった」と自供したほか、『腹腹時計』に電気雷管の製造を詳しく図解したことも自供した。

片岡は高校時代から機械類に興味を持ち、法大中退後、都立赤羽職業訓練校機械科に入学した。その後、技術者として職場を転々と変えたが、この間に技術を習得し、爆弾闘争の経験を積み重ねるうち、電気雷管の製造方法をマスターした。

片岡らの供述によると、後続部隊の「大地の牙」「さそり」は、一九七三年暮れから七四年にかけて「狼」と合流したが、爆弾製造技術は未熟で、雷管を製造する技術も持っていなかった。このため、三井物産爆破や間組同時爆破事件では、作戦実行の際、片岡の手製の電気雷管を「大地の牙」「さそり」に渡していた。

泳がされていたテロリスト

公安警察は当初、新左翼の源流的党派「革命的共産主義者同盟」(革共同)の創設メンバーである太田竜が爆弾テロの黒幕ではないかと睨んでいた。太田は一九六〇年代の終わり頃から、「高度経済成長を経て豊かな生活ができるようになった一般労働者はもはや革命の担い手には

なりえない。真の革命は、アイヌ、日雇い労働者、在日韓国・朝鮮人、被差別部落民など社会から疎外されている窮民の手によってのみ起きうる」という「窮民革命論」を提唱するようになっていた。太田のこの持論は、反日武装戦線の思想と重なる部分が多いのが特徴であった。

結局、東アジア反日武装戦線と太田竜は無関係と判明するが、警察が引き続き太田と関係が深く『トロツキー全集』などを刊行していた出版社、現代思潮社の周辺を洗い出したことで、「狼」との線が浮上した。

警視庁が「狼」を本格的にマークし始めたのは、韓国産業経済研究所爆破の一カ月前の一九七五年三月中旬、黒川芳正が東京・中野区のアパートに引っ越した際、荒井まり子を除く六人が手伝いに集まった時からだった。

それから同庁の極左暴力犯罪取締本部の捜査員約一〇〇人が、メンバーの尾行、監視を続けてきた。この結果、韓国産業経済研究所とオリエンタルメタル社の同時爆破事件の前日、四月一八日朝、「大地の牙」の斎藤が東京・調布市の勤め先の喫茶店の休暇を取り、新幹線で大阪入りし、翌一九日朝帰京したという目撃証言が裏付けられた。また斎藤の内妻、浴田由紀子が韓産研爆破の実行犯であることも、早くから警視庁公安部は把握していた。

「早くから」というのは、爆破事件当時からと言い換えた方が適切である。公安部は犯行前から浴田を尾行し、韓産研爆破の一部始終を見て見ぬ振りをした。犯人を泳がせ、犯行に至らしめることで証拠を固め、組織全体を解明した後で一網打尽に逮捕する公安手法である。同僚の極左暴力犯罪取締本部にも情報を流さずに極秘捜査は進められた。

そして本命である「狼」の佐々木規夫にたどり着く。とどめは斎藤和の自宅ゴミ箱から声明文の書き損じを入手したことで、大道寺など主要メンバーの洗い出しを終えた捜査当局は五月一九日、一斉逮捕に踏み切ったのだった。

実は公安上層部は情報漏洩を恐れて、末端の公安捜査員にも捜査情報を流そうとしなかった。「さそり」の追跡を命じられたある公安捜査員は、宇賀神寿一のモンタージュ写真とされる「ギョロ目、丸顔、長髪」そっくりの男を発見する。すぐに尾行を開始し、モンタージュ写真の男のアジトをつかむが、それは宇賀神とは全く異なる別人であった。

宇賀神寿一本人のモンタージュ写真が万一外部に漏洩でもすれば、犯人グループに警戒されてしまう。だから、たとえ捜査員であっても、別人の手配写真を示して捜査にあたらせたのである。

三井物産ビル爆破事件でも桐島聡が警備員に目撃され、モンタージュ写真が作成されていた。しかしそのモンタージュ写真も桐島にそっくりの出来で、これも手配写真に公開すると犯人グループが警戒して逃亡すると危惧し、公開を見送った。

「敵を欺くには、まず味方から」を地で行った公安捜査の常套手段によって、東アジア反日武装戦線は一網打尽にされたのである。

「狼」の公判ボイコット戦術

三菱重工など一連の企業爆破事件を引き起こした東アジア反日武装戦線の中核部隊である「狼」グループの第一回公判は、一九七五年一〇月三〇日午前一〇時から東京地裁刑事六部で開かれる予定であったが、大道寺将司ら四被告全員と弁護団がいずれも出廷を拒否したため、開廷が宣告されないまま流れることになった。

この朝、裁判長らは被告・弁護側を出廷させるため約五〇分にわたって説得したが、被告らは強硬に拒み続けた。午前一〇時五〇分、裁判長ら三人の裁判官は被告・弁護側不在の法廷に着席し、公判が開けなくなった経緯を説明した後、次回期日一一月二七日午前一〇時からと指定したにとどまった。被告、弁護団が初公判で出廷を拒否したのは、一九七三年一月の連合赤軍事件裁判以来であった。

逃亡した桐島聡と宇賀神寿一

五月一九日の一斉逮捕を免れて、新たに全国指名手配された二人の明治学院大学生も、やはり『腹腹時計』の教えを忠実に実行していた。彼らは都会生活の模範生として市民生活に溶け込み、「狼の牙」を隠していた。アパートの家主にしろ、近隣住民にしろ、誰一人として宇賀神寿一と桐島聡のことを怪しんだ人はなく、指名手配されたと聞いて、一様に信じられないという顔をした。

宇賀神寿一は事件から七年後の一九八二年、東京都板橋区内で偽名を使って新聞配達員をしていることが発覚し、逮捕された。逮捕当時はまだ三〇歳前後なのに髪の毛はほとんど抜け落ち、学生時代の面影は全くなかった。宇賀神の変貌は、逃亡生活の過酷さを物語っていた。

桐島聡は、東京都中野区の西武新宿沿線のアパートに住んでいた。集合住宅の多い静かな住宅地のアパートで、桐島の部屋は一階東すみの一号室、四畳半に小さな台所という典型的な学生アパートだった。

桐島は一九七五年二月初め、品川区内からこの中野区のアパートに引っ越してきた。アパートの住民は、「真面目な学生さん」「坊ちゃん育ちらしい、おとなしい感じ」と口をそろえて言った。毎月末に部屋代一万四〇〇〇円を受け取りに行った家主も、「うちは長髪で一見過激派らしい人とは契約しない。あの人は髪も短く言葉遣いも丁寧で、非常に感じがよく、まあ、合格点だった。まさか爆弾犯人の仲間だったとはねえ」と、ただあ然としていた。

壁一つ隔てた二号室に住む会社員は、「いつも『やあ』と手を挙げて会釈を交わした。引っ越しの挨拶にハンカチまで貰った。今どきの学生にしては、珍しいほど愛想がよかった。夜中は二時ぐらいまで大きな音でラジオをかけていたのが気にかかった程度」と話した。

宇賀神寿一は不動産屋からの紹介で入居したが、家賃を持ってくる時も地味な服装で、言葉遣いは丁寧だった。髪も耳がちょっと隠れる程度の長さで「ごく普通の学生に見えた。でも、明るい感じではなく、内向的なタイプ」と家主は評した。

同アパートの二階に住む運送会社社員の話によると、宇賀神の部屋は静かで、夜も電灯が点いていないことが多く、ほとんど留守にしていたのではないかと話した。

五月三一日昼前、桐島が広島県福山市にある実家に「岡山市内にいる。金を用意してくれ」と電話してきた。さらに、その直後に女と三人連れで岡山から福岡に向かったという情報があった。それ以来、桐島に関する有力な情報は途絶えることになる。

桐島聡が再び表の世界に姿を現したのは、それから四九年後のことであった。

第五章　日本赤軍との禁断の同盟

重信房子の「狼」へのラブコール

　東アジア反日武装戦線が一網打尽にされた一週間後、日本赤軍の重信房子が読売新聞との単独会見に応じた。仲介したのは、日本赤軍が所属していたパレスチナ解放人民戦線（ＰＦＬＰ）で、会見場所は東地中海沿岸諸国とだけ明らかにされた。

六時間にわたる会見の中で、重信は今後の闘争方針と攻撃目標として、大使館、商社の具体的名称を明らかにし、ハイジャック戦術も辞さないことを示唆した。またゲリラ兵士の補充を日本の中・高生にまで広げ、逮捕されたゲリラの奪還も慎重に行うと語った。

　さらに東アジア反日武装戦線の連続企業爆破事件について、「日本初の持続的、系統的闘争」として、党派・路線の異なるアナキスト・グループの戦いを評価した。

「私もすぐ三〇歳。最近は髪の毛が抜けるのよ」と容姿を気に掛けるそぶりを見せながら、日本の両親への情をにじませていた。長時間の会見が進むにつれて、重信の語調は熱を帯び、会見が終わった時はブランデー一本が空になっていたという。

以下は、記者との一問一答である。

——摘発強化で日本赤軍は追い込まれ、総数二〇人足らずでは戦力的に成り立たないのではないか。

「はっきりした人数は言えない。しかし、我々の戦いは一人でも百人でも同じで、いずれも人民、世界の戦う同志を突き動かすものである。革命に対する接近度からみたら今が最盛期で、常にこうした状況を維持していきたい。また、現在の組織は革命の経験を積んで比較的年齢層の高い強力な人材に支持されており、さらに今後も世の中に失望した若者を我々の組織に組み入れられると思う。

社会、家族などに対する不満を沈着化しつつある中・高校生の暴発的エネルギーは十分包括できる自信がある。いたずら電話で『俺が赤軍だ』と爆破予告した少年がいたが、こうしたアウトローにまで我々との出会いは開かれている。一定の人物調査をして信用できるという結論に達したら、積極的にオルグを進めている」

——現在、日本赤軍が設定している闘争目標を、具体的に示してほしい。

「当面、三つの敵がある。第一は日本帝国主義の機関の在外大使館、第二は我々の情報収集や世界各地の戦う同志の動きをつかみ、警察と密着している三菱、丸紅など日本の商社、第三に国境を越えてその機能を貫徹できない日本の警察を補完している日本航空である」

——国内の爆破事件等との関連は。

「関連性については答えられない。しかし、日本帝国主義のアジア侵略という一分野で、系統的、持続的に実行された日本では初めての闘争として評価している。我々は、今後国内の同志たちと連帯して、闘争を強化するために、公害、基地、漁民の闘争にいたるまで組織化し、こうした国内の戦いを、国際主義へとレベルアップし、国内の遊撃戦の母体となるべき世界革命統一戦線日本協議会を設立しようとしている。こうした背景の中で、効果的に闘争している東アジア反日武装戦線の戦いを全分野にまで広げ、別個に進み、別個に打つ遊撃戦を共に展開していく」

重信房子は、共産主義を信奉する日本赤軍とは無縁のアナーキスト集団である東アジア反日武装戦線を評価していた。この頃、パレスチナ和平についてイスラエルとエジプトが対話に転じ、日本赤軍の出番は少なくなっていた。さらに資金と人員も不足し、手詰まり感が出始めていた。東アジア反日武装戦線のテロは国内外に大きな影響を与え、それはパレスチナで細々と活動する日本赤軍の比ではなかった。

重信にとって東アジア反日武装戦線の武装闘争は焦りと共に羨望が感じられ、日本赤軍は活路を求めて「日本への回帰」を指向するようになる。重信房子の東アジア反日武装戦線へのラブコールは、その後のクアラルンプール米大使館占拠事件とダッカ・ハイジャック事件へとつながっていく。

日本赤軍最高幹部・重信房子

一九七〇年代、銭湯や交番に張り出された「日本赤軍」の指名手配ポスターの中で、中央にとてもテロリストとは思えない微笑を浮かべる黒髪の女性がいた。それが重信房子である。

重信は一九四五年、東京都世田谷区で四人きょうだいの次女として生まれた。父は戦前、井上日召が主導した右翼団体「血盟団」とつながりを持つ人物で、食料品店などを営んでいたが、その孤高な性格からか商売っ気はなく、家計は厳しかった。重信は幼少時から文学少女だった半面、高校時代には渋谷で不良を装う一面があった、高校卒業後はキッコーマンに就職したが、一九歳で教員を目指し、明大文学部の二部に入学する。

重信は入学と前後して学費闘争での学生処分に抗議する闘いに共感し、それを契機に学生運動に加わるようになる。所属セクトは当時、三派全学連（新左翼系）の一翼を担った共産主義者同盟（ブント）だった。

数年後、ベトナム反戦・全共闘運動が全国を席巻したが、一九六九年一月の東大安田講堂「落城」を機に運動は退潮に向かう。運動の行き詰まりからブントは分裂し、重信は赤軍派に属することになった。

赤軍派は正式名称を「共産主義者同盟赤軍派」といい、関西ブントの流れの中から滝田修の影響を受けた最左派のグループが分派したセクトである。「分派」といっても過激派に付きものの内ゲバが発端で、一九六九年七月六日、「日本のレーニン」と呼ばれた京大出身の塩見孝也ら一〇〇人の関西派が上京し、関東派の立て籠もる明治大学和泉校舎を襲撃したのが分裂のきっかけである。そして九月四日、三〇人ほどの仲間と共に、神奈川県三浦市城ヶ島で赤軍派が結成された。議長には塩見が就き、軍事委員長の田宮高麿（後の「よど号」グループリーダー）、そして組織委員長の堂山道生の三人が中心となり、重信は堂山の秘書役だった。

赤軍派「東京・大阪作戦」の失敗

赤軍派が台頭するのは、一九七〇年一一月一七日の佐藤栄作首相の訪米の時だった。佐藤訪米の目的は日米安保条約のアメリカ側との協議であり、全共闘・新左翼諸派はこれを阻止すべく各地で集会やデモ活動を展開、武闘派はゲバ棒や火炎瓶で武装した行動隊を結成した。

赤軍派は大阪府警の各警察署を一斉に襲撃し、釜ヶ崎の愛隣地区を解放区として武装蜂起する計画「大阪作戦」を実行に移そうとしたが果たせず、同じように今度は東京・神田で行われた全共闘派のデモに乗じて「東京作戦」を実行した。しかしこちらも一部の警察署に火炎瓶を投擲したものの、厳重な警備の前に襲撃を断念し、成果を得ることはできなかった。

赤軍派は闘争失敗の原因を、武装力の不足に求めた。当時の過激派学生の闘争は、警察機動隊の完全武装の前にはあまりにも脆弱であった。機動隊はデモ鎮圧のプロフェッショナルで、訓練された「兵士」であった。武器は水平発射をも辞さない催涙弾銃を携行し、ジュラルミン盾と鉄製のプロテクターで完全装備していた。対するデモ隊の武器は投石とゲバ棒、よくて火炎瓶と鉄パイプという「手作り」が主体のアマチュアレベルに過ぎなかった。

赤軍派がゲバ棒や火炎瓶ではなく、より強力な火器を持つべきだという政治思想「前段階武装蜂起論」を打ち出したことで警察は警戒を強め、山梨県甲州市の大菩薩峠で大規模な武装訓練が行われていることを察知した。実際に赤軍派は、首相官邸および警視庁を襲撃する計画「十一月闘争」を企てており、メンバーたちは甲州市の山小屋に潜伏していた。

一一月五日、警視庁と山梨県警機動隊の急襲を受け、赤軍派はメンバー五三人が凶器準備集合罪で現行犯逮捕されたことで、大打撃を受けてしまう。

結局、佐藤首相訪米阻止闘争は警察側の激しい排除にあい、武闘派グループはすべて機動隊により撃破され、二五〇〇人超となる過去最大の逮捕者を出して終わった。二万人が結集した闘争は惨めな完敗に終わり、赤軍派は計画を根本から見直し、新たな段階に入ったとして、次なる作戦を実行に移すのである。

無謀であろうとも、実行に移すほかに後がない状況へと、彼らは追い詰められていた。

赤軍派の「国際根拠地論」

赤軍派は起死回生の打開策として、「国際根拠地論」をひねり出す。先の見えない「国内闘争」では埒が明かず、海外の革命国家で軍事訓練を受け、「先進帝国主義国家打倒」のため日本に戻ってくるという考えに至る。最有力の候補地はキューバで、カストロらは一握りの集団で革命を達成したことから、赤軍派はキューバ革命をモデルにするようになる。果ては、キューバから戦艦で日本に凱旋するといった妄想まで出てくる始末であった。ただし、赤軍派と接触したキューバ大使館は、文字通り「空想的すぎる」と赤軍派の主張を一蹴した。

それでも赤軍派は国際根拠地論に則って、一九七〇年三月に「よど号」ハイジャク事件を引き起こす。ハイジャック直前の三月一五日、赤軍派最高幹部の塩見孝也が逮捕されたが、「労働者国家」の支援を受ける方針には変わりはなかった。

もっともその時点で当局はハイジャック計画を把握しておらず、塩見の手帳には「H・J」の文字があったが、当時の日本ではまだ「ハイジャック」という言葉がほとんど知られていなかったため、公安警察はその意味を見抜けなかった。

キューバに代わる革命の根拠地として選ばれたのが、北朝鮮だった。塩見らは「フェニックス作戦」と名付けられた航空機ハイジャックを計画し、実行グループのリーダーには赤軍派軍事委員会議長の田宮高麿が選ばれた。

一九七〇年三月三一日、田宮ら九人の赤軍派は日航機「よど号」をハイジャックし、北朝鮮

赤軍派の女性幹部を逮捕

重信房子

警視庁公安部は九日午後四時すぎ、爆発物取締罰則違反、殺人予備の疑いで指名手配中の赤軍派幹部、明治大文学部二部学生、重信房子(24)＝東京都町田市木曽町三三〇、都営住宅二〇四号の自宅で逮捕した。調べによると重信は赤軍派の女性幹部の一人で、昨年十月二十八

重信房子逮捕を報じる新聞記事（読売新聞 1970 年 5 月 10 日）

へと亡命した。日本初のハイジャック事件であり、世間に与えたインパクトは大きかったが、赤軍派の内情は議長の塩見の逮捕に続いて他の幹部も逮捕、脱落が相次いでジリ貧の様相であった。残されたのは後の連合赤軍事件で中心人物となる森恒夫、重信房子ら準幹部だけだった。森と重信は以前からそりが合わず、森は国内の武装闘争に舵を切ったが、重信は国際根拠地路線の継続を選び、一九七一年二月二八日にパレスチナへ旅立つ。

しかし、逮捕歴のある重信は警察からマークされており、パスポートが発給されるかは不透明だった。そこで思いついたのが京大全共闘出身の奥平剛士との偽装結婚で、重信は「奥平」の姓を名乗るようになる。奥平は当時、京大助手の滝田修（竹本信弘）らをイデオローグとした「京都パルチザン」の一員だった。奥平は重信からの提案を承諾し、二人は婚姻届を出した。

パレスチナ解放勢力の拠点だったレバノンの首都ベイルートに渡った奥平と重信は、ＰＦＬＰ（パレスチナ解放人民戦線）と接触する。奥平はハイジャック作戦などを実行していた非公然の海外作戦部局に所属し、重信は広報部門に振り分けられた。

奥平は出国直前、重信の要望で赤軍派に名義を貸したが、あくまでも形式だけで、セクトが異なる赤軍派へのシンパシーはなかった。奥平は軍事作戦遂行のため日本人同志を募ったが、赤軍派に声をかけることはなかった。奥平が呼び寄せたのは、旧知の京都パルチザンの仲間だった。京都パルチザンは全共闘の生き残りで、赤軍派も含めた前衛党主義と一線を画すアナーキーな集団だった。彼らは労働者と闘争をともにする無数の小集団（五人組）を基礎にした革命を夢想していた。

リッダ闘争と日本赤軍の成立

一九七二年五月、イスラエルのロッド国際空港でのリッダ闘争（テルアビブ空港銃撃事件）は、奥平を含む日本人過激派三人がイスラエル治安当局と銃撃戦を展開したことにより、観光客ら二六人が巻き添えで亡くなった。

奥平は射殺され、京大生の安田安之は手榴弾で自爆したが、鹿児島大生の岡本公三は拘束（現在はレバノンに亡命中）された。ＰＦＬＰの立案、実行の指示のもと、リッダ闘争は無名の国際義勇兵の作戦として策定された。それゆえ声明文を用意せず、安田に至っては身元を隠すため、自らの顔を吹き飛ばしていた。

リッダ闘争作戦は遂行され、イスラエルと敵対していたアラブ諸国からは絶賛の声が上がった。しかし、ここでも問題が生じる。日本人・岡本公三が自爆に失敗し、イスラエル当局に拘束されたのである。当初想定していた「無名の国際義勇兵による闘争」のスキームが崩れる一方、日本人の解放戦士がアラブ世界で英雄視されるようになった。

ここでクローズアップされたのが、アラブ解放の戦いに殉じた「英雄」奥平の「妻」である重信の存在であった。重信はＰＦＬＰの広報部門所属で直接リッダ闘争には関与していないが、「英雄の妻」という重信をＰＦＬＰが利用しないはずがなかった。

重信も偽装結婚でありながらもＰＦＬＰの思惑に乗り、リッダ闘争直後「アラブ赤軍（後の日本赤軍）」として犯行声明を出すに至る。アラブの「大義」に殉じた奥平にとって、「赤軍」の看板は迷惑千万に違いないが、もはや死人に口なしであった。重信はその後、「アラブ解放」の大義を引き継ぐカリスマ指導者として、アラブ諸国の元首クラスとも会える立場にのし上がる。ここに重信房子を最高幹部とする「日本赤軍」が誕生するのである。

しかし日本赤軍の実態はあってないような状態で、幹部といえば重信とリッダ闘争の余波で帰国できなくなった京都パルチザン系活動家の丸岡修（二〇一一年に日本で獄死）だけだった。

それでもカリスマ性を植え付けられた重信のもとには、心情左翼の雑多な人々が群がるようになる。それは重信らが渡航する以前から難民キャンプでボランティアをしていた医療関係者や、欧州で脱走米兵の亡命援助をしていた旧べ平連系の知識人、そして若松プロの宣伝映画

『赤軍―PFLP世界戦争宣言』の上映隊グループなどであった。

しかし「アラブの大義」を引き継いだ重信にとっては、新たな戦いが求められていた。それには物見雄山の「客」ではなく、重信の手足となるプロのコマンドが必要であった。重信の食指は、獄中にいる東アジア反日武装戦線のテロリストへと向けられる。

クアラルンプール米大使館占拠事件

一九七五年九月四日、クアラルンプールの中心街アンバン通りにある一二階建てのアメリカン・インターナショナルアシュランスビルに日本赤軍六人の武装したゲリラ部隊が突入、九階にある米大使館領事部とスウェーデン大使館を占拠した。そしてロバート・ステビンズ米領事、ベルエンストラーレ・スウェーデン臨時代理大使ら十数人を人質に立てこもった。ゲリラグループはこの日、比較的警備の手薄な米大使館領事部に侵入し、駆け付けた警官らと銃撃戦を展開、同ビル守衛と警官を負傷させた。

犯人グループのうち四人が日本人で、うち一人が女性であった。ゲリラたちは九階の窓から同ビルを包囲中の警官隊に黄色い封筒に入れた要求書を投げ落とし、①ヘリコプター及び国外脱出のための日航機の提供、②日本で拘留中の日本赤軍など七人の釈放の二つを要求、襲撃事件の目的が同志の奪還にあることを示唆した。

事態を重視した日本政府は、日米首脳会談のためワシントンに滞在中の三木首相の指示に基づいて対策本部を設置、マレーシア、アメリカ両政府と連絡をとったうえ、同夜、人質の人命尊重の立場からゲリラの要求に応じる方針を決め、この旨マレーシア政府とゲリラに通告した。ゲリラによる犯行は、三木首相訪米による日米首脳会談のタイミングを狙ったものとみられた。

檻の中の「狼」の奪還

「クアラルンプール事件」では、犯人から指名された七人のうち、あさま山荘事件の坂東国男、赤軍派の金融機関襲撃事件（M作戦）の松田久、日本赤軍コマンドの戸平和夫と西川純、東アジア反日武装戦線「狼」のメンバーで連続企業爆破の佐々木規夫の五人が出国に同意した。しかし、あさま山荘事件の坂口弘と赤軍派M作戦の犯人である松浦順一の二人は「現在、活動は保留している」などの理由で犯人側の呼びかけを拒否、五人だけが、クアラルンプールでゲリラと合流した。そして事件発生から四日後にそろってリビア・トリポリ空港に到着し、リビア政府に投降した。

リビアに投降した五人と犯人五人の計一〇人は一九七六年春リビアを出国したが、日本赤軍はクアラルンプール事件以来ぱったり動きを見せなかった。しかし、日本赤軍のシンパ数人が、一九七五年秋から一九七六年初めにかけて相次いで帰国しており、彼らは支援組織の立て直しに動いていた。日本赤軍の名が再び現れたのは、韓国発であった。

日本赤軍の韓国潜入

クアラルンプール事件から一年後の一九七六年八月、日本赤軍の関係者と名乗る男が、韓国に不正入国しようとして、同国の治安当局に拘禁された。日本の外務省を通じて警察庁、警視庁など公安当局に連絡があったもので、男は元通産相職員の反戦活動家であった。日本赤軍との関係ははっきりつかめなかったが、重信房子ら日本赤軍最高幹部の指令で韓国潜入を企てた疑いもあり、韓国公安当局は韓国への入国目的、その背後関係の解明に全力を挙げた。

この活動家は東京都中野区に住む元通産省職員M（二二歳）で、韓国治安当局から外務省を通じて入った情報では、Mは五月末、再発行の旅券で出国、タイ、マレーシアなど東南アジアを経由し、八月一八日夜、ソウルの金浦《キンポ》空港に到着、同空港税関で入国手続きをした。

Mは、再発行の旅券を二通も所持していたほか、ビザが台北の韓国大使館発行になっているなど不審な点が多く、入国直前、旅券に虚偽の事実を記載した疑いがあるとして同国治安当局に身柄を拘禁された。

Mは調べに対して「日本赤軍の関係者である」と答えたが、その後は黙秘を続けた。警察庁と警視庁公安部でMの活動歴を調べたところ、Mは高校卒業後、通産省に入省し、一九七三年九月に退職するまで、中核派系「通産反戦」活動家としてデモなどに参加し、一九六九年六月のアスパック（アジア太平洋閣僚会議）阻止闘争など二回公務執行妨害などで逮捕された。その後は一九七六年六月、活動家が爆弾材料などを持っていて逮捕された共産同蜂起派グループに近づき、さらに日本赤軍メンバーの友人Aとも頻繁に接触したことも分かった。

この時期、重信房子は北朝鮮に入国していた。重信の入国目的は不明であったが、ベトナム戦争でのアメリカ軍撤退にみられるインドシナ解放という国際情勢が激変した時期で、南北朝鮮の軍事的対立が激化していた。重信率いる日本赤軍が北朝鮮と連携して、韓国への侵入作戦を企図していたかは不透明であったが、日本赤軍による日本や韓国に対する工作活動は依然として行われていたとみられた。そして日本赤軍の動きに呼応するかのように、連合赤軍リンチ事件以来沈黙していた日本国内過激派が息を吹き返したのである。

「狼」後、再生する赤軍派

連合赤軍の武闘路線を受け継ぐ赤軍派日本委員会が、一九七六年七月末「司法・警察、ロッキード、マスコミ関係者の殲滅」を公然と宣言したのに続き、九月初め大阪でひそかに「関西赤軍」結成に動き始めていた。赤軍派日本委員会は分裂した残党赤軍各派の中でも最先鋭路線を進み、復刊した機関誌で「一人ひとりを街頭で襲え」と呼びかけていた。

赤軍派日本委員会は一九七四年七月、M（資金強奪）作戦のキャップだった元同志社大生、高田英世が指導者となり、リンチ事件で壊滅した森恒夫（元大阪市大生、獄中自殺）らの連合赤軍路線による組織の再建を狙って結成された。高田は一九七四年一一月付の機関紙『赤軍一号』で、東アジア反日武装戦線の三菱重工爆破に支持のアピールを出したため、爆発物取締罰則四条（爆発物使用の教唆）で警視庁から指名手配され潜行していた。その後、動きは止まっていたが、一九七六年七月末、二年間の沈黙を破り、『世界気象観測書』と題した『赤軍一三号』を地下出版した。

さらに一九七六年九月初め、関西赤軍結成の秘密大会として大阪府下の大学で日本委員会が黒ヘルグループと秘かに「関東大震災朝鮮人虐殺糾弾集会」を開く動きがあった。同集会は当局側の事前警戒で実現こそしなかったが、過激派各派は、朝鮮問題を核として東アジア反日武装戦線のテロを起爆剤に、その動きを再度活発化させた。

第六章　連鎖する爆弾テロの嵐

大阪・三井物産ビル爆破

東アジア反日武装戦線が壊滅してから約半年、新たな爆弾テロ事件が起こった。

一九七五年一一月二一日夜、大阪市北区中之島の三井物産ビル地下駐車場に消火器爆弾が仕掛けられ、ガードマンらが消火器を地上の駐車場に運びだしたところで突然爆発、一三階建てのビルの窓ガラスが吹っ飛び、二人が重軽傷を負った。大阪府警は府下全署に非常警戒態勢を敷き、天満署に警備・刑事部合同の特別捜査本部を置いた。関西での企業爆破は四月の兵庫県尼崎市のオリエンタルメタル製造会社爆破事件以来で、大阪では初めてだった。

爆発の前、三井物産には爆破予告の電話は掛からず、脅迫文も届かなかったが、三井物産は東アジア反日武装戦線に狙われたことがあり、消火器が使われたことから、特捜本部では同グループの残存勢力か、同グループに共鳴する過激派グループの犯行と断定した。

大手の海外進出企業を狙い、爆薬には農薬など塩素酸塩系薬品を使うなど犯行手口は東アジア反日武装戦線と酷似しており、爆弾作りは『腹腹時計』を参考にしたとみられた。

現場からは、散乱した消火器の鉄片など爆体の破片千点の中から、トランジスタラジオ用乾電池の接続部分（ターミナル）とハンダ付けした腕時計の文字盤が発見された。この仕掛けから、腕時計をタイマーに乾電池を使った電気仕掛けの時限爆弾と判明した。爆破の威力はすさまじく、窓ガラスは一二階まで破損、爆体のあったコンクリート床には漏斗溝が出来ていた。

特捜本部は時間帯から見て午後四時半から同六時四〇分の退社時間の雑踏にまぎれて爆弾が仕掛けられたと判断し、この時間の不審者と出撃アジトの発見に全力を挙げる一方、関西過激派の情報収集に努めた。

三井物産ビル爆破と韓国

大阪・中之島の三井物産ビル爆破事件で、発火装置に使われた豆球は韓国から輸入されていた「E5T5」（通称ベビーパイロット電球）であった。全長一八ミリ、直径は口金・ガラス部分とも五ミリで、日本工業規格（JIS）にはなく、主にプラモデル、電池を使ったゲーム器などのおもちゃ用として売られていた特殊な部品であった。

この豆球は韓国内の工場で大量生産され、大手の家電メーカーや電気器具問屋などに毎月数十万個輸入されていた。大阪では一個五〇円で市販されていたが、製造会社や時期を示す表示がなく、メーカーの割り出しは不可能であった。

三井物産という巨大企業への照準は、企業の海外進出を「日本帝国主義の経済侵略」とした過激派の犯行と思われた。当時の過激派各セクトの機関誌（紙）は、戦前・戦後を通じての日本と朝鮮半島との関り合いに異常なほどの関心を寄せていた。

犯行日の「一一・二一」は、三年前の一九七二年、韓国で朴正熙大統領による改憲が行われ、いわゆる「維新憲法」が制定された日であった。朴正熙は日本の明治維新にならい、自らの政権を「維新体制」と称した。改憲により朴正熙は永久執権が可能となり、その独裁体制により韓国民衆はますます強圧政治下に置かれた。さらに爆発の起きた一九七五年一一月二一日当日、三井物産の取締役兼大阪支店長は訪韓中で、日韓の合弁会社一三社を訪問していた最中であった。

三井物産ビル爆破、大胆で繊細な犯人像

三井物産ビルに仕掛けられた爆弾の構造は、消火器の内部に詰めた混合薬と使い捨ての腕時計、乾電池、さらにこれらを接続するリード線だった。外見上は紛れもなく「狼」グループが作った消火器爆弾と同じであり、火薬に塩素酸ナトリウムと砂糖を混合して使っていた点も過激派の爆弾そのものだった。しかし、一つひとつを細かく比較したところ、「狼」とは異質な

際立った特徴が現れた。

初登場の腕時計と豆球のいずれも、その使い方が初めてと思えないほど的確だった。そこから「俺たちは『狼』に共鳴するが、その残党ではない」という声なき声が聞こえてくるようだった。例えば『腹腹時計』など、過激派に出回った爆弾教本は「タイマーに時計を使う時は誤爆の危険を避けるため必ず余分な針を外し、一本だけでセットせよ」とくどいほど注意していた。しかし、今度の犯人はそれを無視して、接点に利用した長針だけでなく、全く不必要な短針をそのまま残していた。

これまでに爆弾事件で逮捕された犯人たちの供述で共通していたのは、誤爆への怯えであった。指先のわずかな狂いで、我が身が吹っ飛ぶことへの恐怖心は、いくら武闘路線を叫んでいてもかき消せるものではない。その不安と恐怖が頂点に達するのは、時限装置をセットする瞬間である。「目的地点に爆弾を置く時と、そこから離れて逃げる時には全身の血の気が失せた」と逮捕されたある爆弾犯人は実感を漏らした。だとすれば、誤爆の危険がある短針をなぜ実行犯は残したのか？

もっと基本的なことは、より誤爆の危険性が少ない目覚まし時計やトラベルウォッチを使わずに、なぜ小さな腕時計を使用したかであった。さらに発火装置の豆球にしても、なぜ懐中電灯などの規格品を避けて小型で特殊な韓国製のおもちゃ用を使ったのか、その根拠はわからずじまいだった。

しかも、これらの構造物は一つずつが完全に機能を果たし、完爆に至った。八方破れのようではあっても、決していい加減な爆弾ではない。「単なるマニアじゃない。作り慣れたプロ集団。年齢は三〇歳前後」と捜査員は犯人像をプロファイルした。犯人たちのひそやかな自己満足が、はっきり聞こえてくるようだった。

特筆すべきは、消火器の破片に付着した火薬の残滓が極めて少なかったことであった。「狼」グループなど、これまでの過激派の爆弾には、燃えないまま残った塩素酸ナトリウムがかなりの量で容器の底にこびり付いていた。火薬の調合が十分に行われていなかったことを示すものだが、三井物産ビル爆破の爆弾は、火薬が完全燃焼していた。実に入念な調合と言えた。

点火能力にも疑問が持たれていたが、捜査本部による再現実験では豆球のフィラメントは瞬間的に二〇〇〇℃の高熱を発し、少量の火薬を炎上させた。「最低三回は爆破実験をしているだろう。それがどこでなのか。製造工場の規模は？　出撃アジトは？　今後の捜査でそれを解明したい」と捜査員は唸り声をあげた。

三井物産ビルに消火器爆弾を仕掛けた者たちは、執拗なまでに「狼」たちとは一味違うことを印象付けようとしていた。それは「狼」を乗り越えた、新しい爆弾グループの存在を強調しているかのようであった。

「狼」と決定的に違ったのは、犯行声明が出されなかったことだ。爆破事件に関連した主な反応は、大阪市大の黒ヘルグループが出したとみられた支援ビラと「毒雲」と名乗るローマ字のはがき、そして東京都内で出された「革命戦線協議会」名義のアピールぐらいで、いずれも事件当時は実体不明とされた。

三井物産ビル爆破犯の正体

大阪市北区中之島の三井ビル爆破事件で大阪府警の特別捜査本部は、一年余りにわたる捜査の結果、西成区の愛隣地区を根城にした過激派の地下組織「解放旅団」の犯行と確信、一九七六年一二月三一日までに、メンバー三人に対し、爆発物取締罰則第一条（爆発物の使用）違反の逮捕状請求に必要な捜査資料を得た。京都の私立大中退T、兵庫県下の私立高校を中退したM、経歴不明のNの三人で、いずれもかつて大阪・西成の愛隣地区で爆弾闘争を展開、一九七五年六月に沖縄で焼身自殺した元釜ヶ崎共闘会議幹部で解放旅団の指導者、船本洲治の武闘闘争を受け継いだ活動家たちであった。

「解放旅団」は一九六六年三月頃、船本を中心とする広島大出身の過激派グループが「下層労働者」の解放を目的に組織作りに動き、愛隣地区で赤軍派活動家を結集していた。当初から爆弾闘争による「底辺労働者の解放」を主張し、一九七二年一二月、船本らが西成地区の愛隣福祉センターに消火器爆弾を仕掛け、爆発させた。この事件では船本を除く三人が逮捕されたが、爆弾製造者はついに解明できなかった。

当時捕まった三人は製造者について「知らない」と黙秘のままであったが、その周辺にいる釜ヶ崎過激派グループから「爆弾は京都で作ってもらった」との証言を得た。元釜ヶ崎共闘会議幹部でもあった船本洲治は「爆弾は黙ってやれ」という教訓を残し、一九七五年六月に沖縄で焼身自殺した。

三井物産ビル爆破について特捜本部は、一九七五年夏、犯行の事前謀議を行ったこと、事件前夜、容疑者Mが緊張のあまり錯乱状態に陥ったこと、容疑者Tが「三井物産を攻撃せよ」というビラを秘かに過激派の地下組織に流し「三井物産に爆弾闘争を展開する」と訴え、同じ頃に山岳武闘訓練をしたとの情報を得ていた。Tは事件前後犯行をほのめかして、姿を消した。

Tはアイヌ問題に深い関心を示し、自らアイヌ語の異名を持っていた。一九七四年に指名手配された船本をかくまい、逃走資金を渡すなど船本に最も近かった男で、一九七五年一月西成地区の労働者施設に乱入、同年二月には同区内の公園を不法に占拠した事件で逮捕され、同年五月保釈となったが、その一カ月後に起きた船本の焼身自殺を機に地下に潜行した。

東急観光爆破テロ

一九七七年二月二一日午前一〇時三〇分頃、大阪北区堂島の中村ビル二階にある東急観光関西仕入れセンターのエレベーター前フロアで、突然大きな音とともに爆発が起こった、同ビル一階と二階の硬質ガラスや板壁などが吹っ飛び、同センターのカウンターで商談中の同観光大阪海外旅行センターの職員とシンガポール航空の二人ら計四人がガラスの破片を顔など全身に浴び、救急車で同区内の病院へ収容された。

爆薬には塩素酸ソーダ系の薬品が使われたとみられ、『腹腹時計』とは異なる過激派の爆弾教科書『薔薇の詩』をもとに作られた疑いが強まった。『薔薇の詩』には「ガス点火用のヒーターがあればそのまま用いてもよい」と書かれており、過激派の手口としては、目新しい爆弾製造法ではなかった。

捜査本部は関西で被抑圧民族の解放などを叫び、反日闘争を展開しているグループに焦点を絞り、捜査を始めた。大阪府警は、三井物産ビルを爆破した西成・愛隣地区の地下組織「解放旅団」が反日グループとドッキングして犯行に出た可能性もあるとみて捜査を進めた。

「解放旅団」のリーダー舩本洲治は地下から多くの論文を発表したが、「下層の活動家から下層の革命戦士への飛躍」で日韓問題を取り上げ、「これが妓生（キーセン）再生産の構造になっている」「妓生観光の推進役は東急であり……」などと攻撃していた。

舩本は大阪・愛隣地区で活動するだけでなく、「釜ヶ崎共闘全国工作隊」を編成して各地で活動し、一九七三年八月には京都大同学会（自治会）に招かれて「自己の置かれた状況を武器にして人民に奉仕しよう」と叫んだ。京都大同学会は「妓生観光を糾弾する会」の結成団体の一つで、東急観光乱入事件で逮捕されたメンバーの所属グループが一時、同学会の主流を占めていた。一九七五年六月には同学会のメンバー三〇人が東急観光京都営業所に押し掛け、「妓生観光糾弾」を叫んで乱入した。

こうした理論と武装闘争の実態から、特捜本部は船本と「妓生観光を糾弾する会」残党には結びつきがあり、船本が死後も関西で爆弾闘争の教祖的存在であったことから、その周辺にいる過激派が意思を継承して、妓生観光糾弾の手段を爆弾にまでエスカレートさせたと判断した。

東急観光爆破の背景

東急観光は観光業者としては、当時全国四位のシェアを誇っていた。アメリカなど海外五カ所に駐在員がいたほか、日本全国四〇〇カ所に支店・営業所があり、東急グループの一つとして国内・国外の旅行のあっせんをしていた。さらに韓国、東南アジアへ買春旅行をあっせんしているとして、東急観光はかねてから過激派の攻撃対象になっていた。

一九七四年二月二五日朝、大阪市東区博労町の「博労ビル」一階にある同社中央営業所に、ヘルメットにタオルで覆面した過激派男女一〇人弱が押し掛け、鉄パイプや金づちなどでガラス戸四枚を叩き壊した。さらに爆竹を鳴らして店内に乱入、電話機、旅行案内のパンフレット入れのプラスチック製の棚を叩きつぶし、「妓生観光を糾弾する会」名義で「妓生観光の推進をただちに止めろ」と書かれたビラを貼り出す事件があった。このビラは「日本帝国主義が韓国支配を狙おうとしている。東急観光は帝国主義の手先となってブルジョア階級に韓国観光旅行をあっせんしている。直ちに旅行あっせんを中止せよ」「韓国の外貨獲得の国策として、日本と利害を一致させ妓生観光を推進している」「東急観光は韓国観光協会から感謝状を贈られており、犯罪性は明らか」との内容だった。

「妓生観光を糾弾する会」は一九七四年一月、「女性解放」を旗印に京大女子寮内に結成され、「底辺委員会」のほか関大現代中国研究会、京大同学会に属していたC戦線、同志社大学友会など約四〇人で構成されていた。母体は京大婦人問題研究会とみられ、①アジア人民の抗日戦争に連帯し日帝の侵略を阻止する、②女性差別を拡大助長し民族排外主義を煽る妓生観光を粉砕するなどをスローガンにしていた。「妓生観光を糾弾する会」は東急観光、日本交通公社、日本旅行社、近畿日本ツーリストなど旅行会社七社をターゲットに挙げ、「その犯罪性は明らかだ」と攻撃していた。ただ同会は、一九七四年末頃には解体同然となっていた。

一九七四年の「東急観光襲撃事件」当時、大阪府警東署が犯人のうち一人を威力業務妨害、器物損壊で逮捕した。この時逮捕された京都の私立大生の調べから、背後にある京都の「底辺委員会」の存在が明らかになった。

「底辺委員会」は、一九五一年から始まった「国際学生青年反戦植民地闘争デー」（二月二一日）に合わせて、東急観光爆破をねらった爆弾テロを実行した疑いが強いとみられた。

「底辺委員会」は親毛沢東派の反戦会議の指導を受け、京都のブント系過激派の京都大助手の滝田修と関係の深い京大C戦線、大阪の釜ヶ崎過激派のいずれとも連帯関係にあり、表面では反日闘争のデモを行い、ビラ撒き戦術を繰り返していた。

過激派のイシューとしての韓国問題

爆破された東急観光は、日韓問題を告発していたグループなどから「東急資本は日本企業で最初にソウルでホテルを建てるなど、いわば妓生観光を売り物にしていた」と非難され、韓国内からも「妓生観光反対」の声があがっていた。

過激派が日韓問題を闘争の目標にしたのは、一九六五年の「日韓条約批准阻止闘争」が最初であった。一九七〇年前後の在日コリアンを治安管理する入管法の阻止闘争などもあり、その後は在日韓国人政治犯として捕まった徐勝・徐俊植兄弟事件、一九七五年の在日韓国人留学生スパイ事件等の救援活動を繰り広げてきた。

中でも日韓問題を過激派に再認識させたのは、一九七四年から七五年にかけての東アジア反日武装戦線による一連の企業爆破事件であった。東アジア反日武装戦線は「新旧帝国主義、植民地主義企業への攻撃を主要任務とする」と宣言していた。一九七六年夏の新左翼既成セクトの大会でも、各党派は競って闘争目標に「日韓問題」「朝鮮問題」を取り上げた。

関西では「東アジア反日武装戦線を救援する会通信」の第二号として出回っていたパンフレットに、「日帝侵略企業の社員たちは、皇軍の銃弾の代わりに札びらで侵略を再開している」とアピールされていた。脱セクトの黒ヘルグループなども「新植民地主義粉砕」を叫んでこれらの運動に加わり、公安当局もこうした動きがつかみ切れないほど、幅の広がりをみせた。

この時期の日韓をめぐる問題は、ＫＣＩＡ（韓国中央情報部）の対日工作やソウルの地下鉄建設問題、その上に日韓議員連盟の総会が東京で開かれたことなどがあり、過激派を刺激した。当局は既成セクトの運動が停滞気味なだけに、日韓問題は新たな闘争目標を模索する過激派の運動に火をつける触媒になるとみた。

ただ、妓生観光に反対していたのは、何も爆弾テロの過激派グループにとどまらなかった。特に学者・文化人が集まり、人権問題に敏感だった京都では、韓国・朝鮮問題に取り組む運動の裾野が広いのが特徴だった。

一九六九年七月、「朝鮮人の人権擁護のために」と一人で「朝鮮人社」を設立、半年に一度の割合で雑誌『朝鮮人』を発行していたクリスチャンの飯沼二郎京大教授もその一人であった。「妓生観光反対」だけでなく、韓国の獄中につながれていた金大中《キムデジュン》や反体制詩人の金芝河《キムヂハ》、拘束された在日韓国人留学生らの救援活動を続けていたグループもあった。さらに朝鮮人被爆者や大村収容所をはじめとする入管法の問題点を追及するなど、朝鮮・韓国の人権問題に関わる市民運動組織は京都だけでも三〇近くにのぼっていた。それら活動団体は妓生観光には一致して反対しており、大阪空港や東急観光京都営業所で抗議活動した市民グループもあった。

そうした市民運動に根付いた組織にとって、爆弾テロで「妓生観光反対」を主張することは、甚だ迷惑にほかならなかった。「妓生観光反対」のスローガンがテロ組織と同一と見なされることで、穏健な団体までもが「テロと同一組織」と白眼視されるようになったのである。

「狼」は死なず

連続企業爆破の東アジア反日武装戦線壊滅から半年後に大阪で起きた、三井物産に対する爆弾テロ。それは一九七〇年代に火を噴いた過激派の武闘路線が、一つのグループ、一つの事件を解決するだけでは決してせき止められない激流となっていたことを示した。

「狼」以後、三井物産ビル事件までの間、一四件もの爆弾事件が起きた。東京都内の六カ所の派出所、北海道県警本部などの警察施設、小金井市の公会堂爆破のように、照準の合わせ方は様々だが、横須賀市内のアパートで誤爆した事件では、巻き添えの居住者ら一四人の死傷者を出した。平凡な市民を装いながら、過激各派と脱セクトの活動家たちは、着実に爆弾志向へと進んでいった。

「狼」以後で見逃せないのは、セクト間の壁に優先して、爆弾主体の激しい武装闘争が互いに奇妙な連帯感を生みだしつつある傾向だった。「狼」グループの大道寺将司らが逮捕されて二週間も経たない五月三〇日、国際手配中の重信房子ら日本赤軍から一つのアピールが出た。「東アジア反日武装戦線の戦いを系統的な真の遊撃戦の萌芽とし、断固支持する」

その後、日本赤軍のクアラルンプールでの大使館占拠事件で「狼」グループの佐々木規夫が釈放されると、獄中の「狼」グループから「獄中同志奪還作戦に拍手を送る。佐々木が反日戦線の意思を継承し、世界革命戦争の一環を……」と返礼のアピールが出された。「旧東京戦線」というアナーキストの流れをくむ企業爆破グループと、共産主義者同盟から派生した日本赤軍の思想の違いはもはや問題にされなくなり、武器に突っ走る者同士の連帯が地下水脈となって一つの流れに結び付いた。

爆弾テロへの憧憬は日本赤軍だけではなかった。元釜ヶ崎共闘幹部、船本洲治の言動にも「狼」への熱っぽい視線があった。

一九七五年六月二五日、船本は沖縄のアメリカ軍嘉手納基地のゲート前で、「皇太子訪沖反対」を叫びながらガソリンをかぶって焼身自殺する。「遺書ではない」と断った手記の中で、船本は「狼」グループの爆弾闘争支持のアピールを書き、以後の武闘路線を暗示した。船本は「東アジア反日武装戦線の闘争こそ、東アジアの明日を動かす。この闘争は開始されたばかりであり、さらに拡大してゆくだろう」と予言し、「敵を倒す唯一の方法は武装闘争である」とテロを煽った。

三井物産ビル爆破事件で、船本の遺書に注目が集まったのは、彼が「狼」以後の爆弾闘争を「秘訣は黙ってやること。分からぬようにやること。声明も何も出さぬこと」と指摘した点であった。「独立した戦闘グループが相互に接触を持たず、事実行為で連帯する」というのが、船本なりに得た「狼」からの教訓だった。

「関西武装戦線」結成への道

東急観光爆弾事件を追及していた大阪府警特別捜査本部は、一九七二年一二月の大阪・愛隣センター爆破以来、大阪、京都で起きた五件の消火器爆弾事件について、東京の連続企業爆破を引き起こした東アジア反日武装戦線と同じように「関西武装戦線」とも言える統一組織が結成されたとの見方を強めた。これに結集したのは、船本洲治をトップとする大阪・西成区の釜ヶ崎過激派「解放旅団」と滝田修（本名：竹本信弘）を理論的指導者とする京都の大学を中心とした過激派グループと見られた。二つのグループは、被抑圧民族の解放を目指して統一戦線を結成、爆弾の供給から製造の指揮まで行った疑いがあり、第二、第三の爆弾事件を起こす恐れもあると公安当局は警戒した。

滝田修は京大全共闘の生き残りで、一九七一年八月二一日の「赤衛軍事件」の実行犯に影響を与えた。「赤衛軍事件」は「朝霞自衛官殺害事件」という別名でも知られ、陸上自衛隊朝霞駐屯地で歩哨に立っていた当時二一歳の自衛官が刃物で刺され殺された事件だ。自衛官は襲われた際、所持していた小銃を咄嗟の判断で事件現場近くの側溝に投げ入れたが、彼が左腕につけていた「警衛」と書かれた腕章は奪われた。そして事件現場周辺には、「赤衛軍」という名称が入った赤ヘルメットやビラなどが、存在を誇示するかのように散乱していた。

埼玉県警は「赤衛軍」という新左翼党派が起こした事件とみて捜査を開始したものの、赤衛軍などという党派は新左翼活動家の間でも公安警察の間でも全く無名で何一つ正体が掴めず、捜査は難航した。

そうした中、一〇月五日発売の『朝日ジャーナル』に、「謎の超過激派赤衛軍幹部と単独会見」という記事が掲載された。警察は記事の取材源を洗い出し徹底的に捜査したことにより、日本大学文理学部哲学科の学生・菊井良治など三人の学生が容疑者として浮かび、まもなく逮捕された。そして菊井は逮捕後の取り調べで、事件の首謀者は自分ではなく、京大経済学部助手の滝田修の指示に従ったのだと自白した。

滝田は一九六〇年代後半の京大闘争に理論的指導者として参加した人物であったが、もともとドイツ社会思想史の有望な研究者でもあり、マスメディアから「過激派の教祖」「日本のチェ・ゲバラ」と呼ばれるなど新左翼のカリスマの一人になっていた。

菊井の自白により滝田は朝霞自衛官殺害事件の共謀共同正犯として指名手配され、逃亡・潜伏生活に入る。しかし一一年後の一九八二年八月八日に川崎市内で逮捕され、その後の裁判で懲役五年の刑が確定した。

滝田は、全共闘運動が新左翼各派のセクト主義の限界を超えられないままに敗れた経験を踏まえ、革命のためには既存党派とは別に「パルチザン」、つまり革命の正規軍とは異なる民衆自身による別働隊を組織してゲリラ闘争をしなければならないと説いていた。滝田の暴力革命論は全国の全共闘学生に影響を与え、一九七二年にテルアビブ空港乱射事件を起こした奥平剛士や安田安之らも、母校の京大で滝田に影響を受けたとされる。

「セクトが一体となってゲリラ闘争をすべき」という京大過激派の滝田理論に、闘争目標を与えたのが船本洲治の「被抑圧民族である底辺労働者、在日朝鮮人、そしてアイヌ民族の解放」という実践運動であり、東アジア反日武装戦線の再来ともいえる爆弾闘争が復活した。

船本は一九七三年、京都大へ乗り込んで再三アジ演説を繰り返し、これに刺激されて京都過激派も「底辺労働者の実践の場」として西成・愛隣地区にも学習にやって来た。船本は暴力団や警察の暴力行為に対しては、「やられたらやりかえせ」と暴力には暴力で立ち向かうことを宣言していた。そして日雇い労働者が資本主義の矛盾と最前線で唯一根底的に闘っているとして、学生たちに連帯を呼び掛けた。

暴力も厭わない日雇い労働運動と過激な学生運動との統一戦線は、滝田だけでなく船本の悲願でもあり、ここに「関西武装戦線」が誕生する。

事実、東急観光事件まで一年余りの間に、消火器を使った四件の爆弾が「被抑圧民族解放」という統一目標のもとに仕掛けられた点から見て、解放旅団や京大C戦線、京大底辺委員会、妓生観光を糾弾する会などを統一した「関西武装戦線」というべき組織が胎動していた。

関西武装戦線によるものとされる爆弾テロは、東急観光と三井物産ビル爆破以外に、梨木神社爆破が挙げられる。梨木神社事件では「搾取、抑圧の天皇制日本国家を作り、アイヌ・モシリへの侵略と占領に始まる他民族侵略を実行した」と表明した。

関西武装戦線は、海外進出する企業や妓生観光で儲ける観光会社、天皇を神とする神社を狙った消火器爆弾によるテロを繰り広げるが、その矛先は東アジア反日武装戦線の韓国産業経済研究所のように、直接韓国と関係のある組織に向けられた。

第七章　京都韓国学園建設反対住民運動に対する爆弾テロ

甲子園優勝校、京都国際高校のルーツ

二〇二四年夏の全国高校野球大会決勝戦では、京都国際高校が、関東第一高校との決勝戦史上初の延長タイブレークの末、二対一の接戦を制して優勝した。

京都国際高校のルーツは一九四七年、大韓民国民団系の在日コリアンによって創立された「京都朝鮮学校」である。一九五八年には「京都韓国学園」と名称を変え、現在の京都市東山区本田山のキャンパスに移転したのが一九八四年であった。その後、在日コリアンの日本国籍取得や少子化により生徒数が減少したことで、「京都国際高校」として二〇〇四年から日本人学生の受け入れを開始した。

京都国際高校の野球部創設は一九九九年で、外国人学校として始めて日本高野連に加盟した。

京都国際高校は近年、春に二回、夏に三回と甲子園出場の常連校で、男子生徒の九割が野球部に所属するという「野球学校」にほかならない。京都国際高校が「甲子園優勝」以上に世間の耳目を集めたのは、その「校歌」にあった。校歌の歌詞が韓国語なのである。

京都国際高校の校歌は京都韓国学園時代からのもので、甲子園で勝利するたびごとに球場で韓国語の歌が流された。それがネット右翼の攻撃の対象となり、さらにはＮＨＫが韓国語で「日本海」を表す「東海」を「東の海」と表記したことで騒動に拍車を掛けた。

京都国際高校の初優勝に対し、地元では優勝パレードなども行われず、他人事のような対応となっている。本来なら学校地域の商店街などで祝賀行事が行われるが、京都市民は無視したかのような冷淡な態度である。だが、それには理由がある。

前身の京都韓国学園が移転したのは一九八四年だが、学校建設はその一〇年以上前から始まっていた。学校建設には、他に類を見ない地元住民の強硬かつ執拗な反対運動が繰り広げられた。そしてその住民運動を、在日コリアンに対する「民族差別」と捉えた爆弾テロが行われたのである。

京都韓国学園建設反対住民運動を狙った爆弾テロ

一九七五年一二月二六日午後一一時頃、京都市東山区泉桶寺今熊野南谷町の会社員宅で大音響がした。奥の八畳間で寝ていた会社員が出てみると、玄関のガラス戸が割れ、家の前のゴミ箱、（木製、八〇センチ角）が吹っ飛んでおり、松原署へ急報した。

警察が調べたところ、散乱したゴミの中にバラバラになった小型消火器（直径一〇センチ、長さ三〇センチ）があった。会社員は火薬のような臭いがしたといい、警察は爆発物が仕掛けられた疑いがあると捜査を始めた。

爆発音がした当時、会社員の部屋にまで黄色い煙が流れ込み、付近一帯にも煙と臭気が立ち込めた。爆発音は五〇〇メートル四方に響き、寝間着姿で飛び出した人たちで大騒ぎになった。

このゴミ箱は近所の共用で、一二月二七日に収集することになっており、ゴミは一杯に溜まっていたが、同日夕、付近の人が捨てに来た時は消火器らしいものはなかった。

この会社員宅は狭い道路沿いにあり、周囲は閑静な住宅地である。しかし、道路のあちこちに「学校建設反対」ののぼりや立て看板が並べられ、住民の監視小屋まである異様な光景がそこにはあった。狭い道路の先にあるのは、建設途中の京都韓国学園であった。

京都韓国学園建設反対住民運動

一般に建築物の造成許可には、「風致」と「宅造」許可の二種類がある。それぞれの正式名称は「風致地区における行為の許可書」及び「宅地造成に関する工事の許可通知書」である。京都韓国学園建設の場合、許可条件は後者に該当した。

一九七一年一一月六日、京都韓国学園建設の許可が下りた。申請をしてからほぼ一年半、許可に至る月日の長さが京都市と地元及び学園のそれぞれに三者三様の葛藤があったことを匂わせたが、許可は終わりではなく、始まりに過ぎなかった。

地元住民は建設許可を知るや翌年一月中旬、即座に「本多山造成反対委員会」を結成し、地元の有力者を委員長に押し立てた。地元の沿道にはたちどころに「韓国学園建設反対」やら「造成断固反対」などの看板が林立するようになる。路地裏には「韓国学園設立反対」などという奇妙なものまで現れた。団体名も「韓国学園反対期成同盟」だの「本多山造成反対委員会婦人部」など、雑多な名称で埋め尽くされていた。反対運動は十分には統制されていなかったものの、許可に反対する地元住民の憤激の様子が生々しく表れていた。

そうはいっても、学校建設に伴う周辺道路の拡張は、以前から地元自住民らが陳情していたものであった。にもかかわらず、いざ実行される段になるや、あえてそれを拒絶したというのだから、その迷走ぶりは常人の理解を超えていた。

もっとも反対の理由というと、もはや漫画としか言いようがなかった。というのも、京都市より学校建設に伴う道路拡張計画の決定連絡を受けた地元は、なぜか改めて沿道住民に賛否のアンケート調査をした。その結果、道路拡張がなされれば、①交通量が増える、②車がスピードを出して危険、③これまで認められていた路傍駐車が出来なくなるので拡張反対であるとの理由で、予算を返上するよう上申した。

韓国学園建設許可が下りるや、途端に道路拡張の切実な要望は拒絶にとって代わり、それでいて狭いがゆえに「危険と恐怖を呼ぶ血生臭い道路」とばかり、道路問題を反対の理由に掲げる摩訶不思議さが住民運動にはまかり通っていた。

ともあれこれら一連の事実によって明らかになったことは、京都市がもはや調停者として機能しなくなったということだった。それでなくとも市がもともとこの地域を苦手としていただけに、なおさらであった。その結果、学園は地元に、地元は市に、市は学園に解決を迫るという、奇妙な三すくみ状態が出現し、もはや尋常な手段では解決不能に陥っていた。

一九七二年九月、市と住民、学園とによる第一回三者会談が開かれた。場所は岡崎にある京都市文化観光局の会議室で、地元からは委員長をはじめ計一二人、学園からは崔《チェ》理事長ほか理事の面々六人と曺《チョ》事務長。市からは都市計画局の次長ほか関連三局（都市計画・建設・文化観光各局）および東山区役所の担当役人といった顔ぶれであった。こうして学園と地元住民は初めて公式の場で、顔をつき合わせることになった。互いに顔を知っているのは、住民運動側の委員長と崔理事長、そして曺事務長ぐらいのもので、そのほかはほとんどが初対面であった。

市の司会で、地元・学園双方の責任者がそれぞれそれまでの経過を述べながら、初対面の挨拶を交した。厳粛な雰囲気ながら、内にとげとげしさを秘めたやり取りが始まった。

地元は学園ではなく、市に対する攻撃に終始した。予定通りの展開で、住民曰く「地元の了解なしには許可をしないと約束しておきながら、無断で許可をした」、あるいは「事前に何ら話し合いもなく、文化財調査に着手したのは、文化財調査も造成の一環である以上、条件違反だから許可を取り消すべき」と反対のための反対をゴリ押しする論法に打って出た。

住民運動という名の住民エゴ

建築業には二つの大敵があるとされる。一つは暴力団で、もう一つが「住民運動」である。いずれにも目をつけられれば難癖をつけられ、下手すれば工事がストップないし取り止めに追い込まれる。だから建築業界は多額の「近隣対策費」をばら撒きつつ、この大敵を真綿で包み込むように懇切丁寧に扱う。

暴力団については暴力団対策法の施行により表立った金品要求はできなくなったが、住民運動は以前にもまして勢いづいている。ただの住民エゴを運動にすり替えている事例もあり、例えば葬儀場や廃棄物処理施設、幼稚園や障碍者施設などが近隣に害を与える「迷惑施設」としてやり玉に挙げられている。

在日コリアンの学校建設も住民にとっては「迷惑施設」に過ぎず、建設反対の表向きの理由である「建設のためのトラックが行き交うことで交通事故が発生する」や「道路を拡張すれば交通量が増え、騒音が増す」などは言い掛かりに過ぎなかった。本音には、「不良の韓国人学生が近隣をうろつくことで治安が悪化する」「地価が下がる」「古都に外国人が居住することは望ましくない」などといった排外主義、差別主義が充満していた。住民の意識の中には、在日韓国人との共生という概念はかけらもなかった。これがアメリカ人やカナダ人学生の学校なら歓迎したものだろう。

結局のところ本多山のキャンパスが完成したのは一九八四年で、認可から実に一三年を要したことになる。その歳月が反対住民運動の激しさ、根深さを物語っていた。

住民運動に対するテロの意味

京都韓国学園建設予定地付近で爆弾が爆発した事件に対し、京都府警は過激派撲滅のローラー作戦を展開した。警察の強硬姿勢により、人道的な立場から学園建設促進の運動をしてきたクリスチャン宅や教会などへも捜査の網が広がった。

誠実な運動を地域で地道に担ってきた市民運動家は、東急観光爆破事件の波紋同様、爆弾テロを苦々しく感じていた。韓国の反共法違反などで捕まった在日韓国人留学生を救援する「一一・二二事件救援会」は毎日曜日、京都市内の繁華街でビラまきなどをしていたが、「東急事件以来、素直にビラを受け取る市民が減った」と悔しさをにじませた。

飯沼二郎京大教授らは「警察は妓生観光反対や朝鮮人の人権擁護の運動そのものが、今度の事件を引き起こしたかのようにみている。しかし、警察の見方を無批判に扱っている報道の在り方も問題だ」と語った。たとえ理にかなった主張でも、テロは運動そのものを後退させてしまう。

二〇〇三年、京都韓国学園は一条校（学校教育法第一条に定められた、いわゆる「学校」）

となり、名称も「京都国際高校」に変更し、日本人生徒も受け入れることになった。現在、生徒の八割が日本国籍であるが、校歌だけは京都韓国学園時代のままの韓国語の歌詞である。野球部監督は言う。

「僕はもう本当に韓国がらみのことは何も分からないんで。僕は日本の学校だと思っているんで……」

住民による学校建設反対運動も、その住民運動を狙った爆弾テロも遠い昔話であるが、「韓国」というキーワードを排除する世相に変わりはない。テロでは世の中を変革できない実例である。

第八章　日本赤軍によるダッカ・ハイジャック事件と「狼」

日本赤軍の路線変更

一九七五年八月のクアラルンプール事件以降、日本や韓国へのオペレーションを匂わせた日本赤軍は本格的に日本回帰路線へとシフトする。

重信房子がパレスチナへと渡った理由の一つは、連合赤軍の最高幹部であった森恒夫との不仲であった。連合赤軍の同志リンチ殺人事件で犠牲となった遠山美枝子は重信の親友であり、逮捕された仲間の獄中闘争を支援する救援対策活動での同志でもあった。遠山は最も激しいリンチを受け、森からの執拗な査問においても「重信に救援対策の費用を横流ししたのではないか」との疑惑を突き付けられていた。

重信は連合赤軍によるあさま山荘事件とその後に発覚したリンチ殺人事件で遠山美枝子が殺

害されたことを知ると、「赤軍派の同志諸君ならびに連合赤軍の同志諸君、そして友人たちへ」という声明を発表した。そして「自分たちは赤軍派とは決別し、今後は独自の革命運動を展開していく」と連合赤軍をはじめとする日本国内過激派との絶縁宣言を発した。

それから五年後の一九七七年五月、日本赤軍は大阪で発行された新左翼系の『人民新聞』に、「団結を目指し、団結を求め、団結を武器としよう」と題する総括文を寄せた。そして「武装闘争や死によって犠牲を発揮するというブルジョア的な英雄主義を持っていた」と従来の武装路線を自己批判するとともに、「日本人民、同志友人との団結」を強調した。

この「総括第一弾」は重信房子がまとめたとされ、海外のゲリラ活動は日本革命の実践にはつながらず、敗北だったと認めたものであった。さらに敗北の原因として、他党派との団結不足、日本赤軍内での不十分な結束、コマンドの精鋭化失敗を挙げ、今後の方針として、①組織の強化、②武闘路線の堅持、③奥平純三の奪還を宣言した。

そして同年九月の人民新聞に掲載されたのが、「総括第二弾」に書かれた「日本赤軍」名称の放棄宣言であった。

テルアビブ空港襲撃、日航ジャンボ機乗っ取りなど、海外で超過激なゲリラ活動を続け、世界に衝撃を与えた日本赤軍が、組織の拡大と日本革命の達成のためには「日本赤軍」の名前を棄ててもいいと表明したのである。人民新聞には「共産同各派、赤軍派に限らず、あらゆる人々と階級の利益、人民の利益のために手を携えていこう」と党派を超えた闘争を宣言したことから、セクトを超えた戦士の一本釣り、帰国作戦の前触れではないかとみられた。

第二弾は、第一弾に対する国内外の反響に応える形で書かれ、日本赤軍が「自分たちを武装闘争の先頭になっているとして、自分たちが偉くて立派なのだという幻想を持っていた」と自らを戒めた。その一方、分裂や内ゲバを繰り返す国内の過激派を批判し、「あらゆる人民を結集し得る組織をつくり出すことを目指し、もし日本赤軍という組織名や党籍が邪魔になるとすればすぐにでも変える」と訴えた。

日本赤軍は、クアラルンプール事件で奪還した連合赤軍の坂東国男、赤軍派M作戦の松田久、東アジア反日武装戦線の佐々木規夫ら別セクトの兵士と合体できたことを評価した。その一方、総括第二弾では和平に向かうパレスチナ地域で浮き上がり、パレスチナ・ゲリラからの兵士の送り込みを受けられなくなってジリ貧になっている組織を立て直すため、兵士を補充し国内での活動を目指すとした。

日本国内では東アジア反日武装戦線の爆弾テロにより極左過激派は息を吹き返し、「関西武装戦線」のように従来のセクト主義を清算する動きがみられた。国外の日本赤軍も東アジア反日武装戦線のテロ活動を称賛し、犯人の一人で受刑者の佐々木規夫を陣営に引き入れた。しかし、クアラルンプール事件以降の日本赤軍はレバノン内戦のあおりで拠点を失い、司令部を移動するなどで活動資金が払底していた。

日本赤軍は起死回生の秘策として日本国内への回帰を模索し、新たな兵力増員と資金獲得の行動を起こすのである。

日本赤軍によるダッカ・ハイジャック事件

一九七七年九月二八日午前一〇時四五分（日本時間）頃、パリ発ボンベイ経由東京行きの日航472便DC8-62型機（JA8033、乗員一四人、乗客一四二人）が、インドのムンバイ国際空港を離陸した直後ハイジャックされた。犯人は「レッドアーミー」（赤軍）と名乗り、バンコクへ行くよう要求したことから、同機はバンコクへ向かった。同機は南回りヨーロッパ線で、パリ発、アテネ、テヘラン、カラチを経由して、ボンベイから東京へ向かう途中であった。

バンコクのダッカ国際空港に日航機を強制着陸させた日本赤軍は、身代金と共に収監中の過激派活動家らの釈放を要求した。釈放要求の中には連合赤軍の植垣康博の他に、刑事犯の泉水浩（四〇）や仁科映（三一）、東アジア反日武装戦線の大道寺あや子、浴田由紀子の四人が含まれていた。この四人は、佐々木が中心となって東京拘置所の待遇改善を要求して所内に結成した「獄中組合」のメンバーであった。

犯人グループの一人に、茶色っぽい覆面をして、眼鏡をかけたり外したりする男がいた。男は座席中央通路で、「手を上げろ」「ホールドアップ」と日本語、英語を使い分けて指示していた。「狼」の佐々木規夫である。

「獄中組合」のメンバーとはいえ、刑事犯も「革命的同志」として奪還する今回の作戦には、佐々木の意見が反映されているとみられた。

犯人グループと日本政府との交渉は難航するかと思われたが、ここで当時の福田赳夫首相が歴史的な名言を発し、英断を下した。

「一人の生命は地球より重い」

クアラルンプール事件同様、政府が犯人グループの要求を超法規的措置で受け入れたことで交渉は成立した。この時の政府の判断に対して、日本国内では批判の声が高まった。「なぜテロリストの言い分を丸飲みするのか」という論陣である。しかし事実は、福田首相の「英断」など意に介さない「裏事情」があった。

犯人グループは九月二九日未明、要求が受け入れられなければ、乗客の一人である米国人のジョン・ガブリエルを午前五時（日本時間八時）に殺すと警告した。ガブリエルはカリフォルニア・ガーフィールド銀行の会長で、カーター大統領の親友であった。

アメリカ大統領の親友殺害をほのめかされたことによって、日本政府は犯人の要求に応じたまでのことである。すなわち真相は、「アメリカ大統領の友人の生命は地球より重い」であった。

赤軍派と東アジア反日武装戦線の獄中共闘

左翼過激派はセクト主義で、他派とは内ゲバも辞さない対立を繰り返していたが、逮捕後の獄中ではセクトを超えた連帯が芽生えていた。

「氾濫」という名の獄中組織は、連合赤軍事件の永田洋子（東京拘置所）や坂東国男（クアラルンプール事件で釈放）、植垣康博（東京拘置所）らが獄外の救援組織と共同で結成し、「自殺防止房」「房内筆記制限」の撤廃、「土曜日の面会廃止」計画阻止などを目的としていた。そして一九七四年一一月、東京拘置所内で「起床拒否」「点検拒否」などの統一行動を行った。

東アジア反日武装戦線のメンバーも逮捕後、全員が加入し、待遇改善交渉などのため所長に面会を求め、拒否されるとハンストするなど永田洋子らに同調していた。

「獄中者組合」の機関誌である『氾濫7号』（一九七五年七月一二日付）では、「泉水さんへの弾圧を許すな」と題して「千葉刑務所で医療体制に対する抗議の意思を込めて決起した泉水博さんの起訴が、千葉地検によって出された。裁判への支援を通してともに千葉刑務所の処遇に対し抗議の闘いを起こしていきたい」と提起し、殺人強盗犯の泉水を「重病の仲間を救うため仮釈放を投げうって決起した英雄」であるとして高く評価した。

「狼」の妻たちの奪還

東アジア反日武装戦線「狼」の中心メンバーとして、夫の大道寺将司とともに爆弾闘争に関与した大道寺あや子は、「夫に会いたい」と言って獄内で暴れ、意思確認に当たった東京拘置所の幹部を手こずらせた。大道寺将司は日本赤軍の奪還要求リストに加えられていたが、釈放拒否を貫いた。あや子は最終的には夫とは別の道を選んで出国を希望し、結局東京拘置所では植垣だけがしばらく考えた後、「行きません」と答えた。

日本赤軍の日航機乗っ取り事件で、奥平純三ら釈放犯六人と身代金六〇〇万ドル（約一六億円）を載せた輸送機は一〇月一日午前六時四分、東京・羽田空港を出発した。

警察庁と警視庁は、ハイジャック犯五人のうち四人を丸岡修、西川純、坂東国男、佐々木規夫と断定し、一二月二六日ハイジャック防止法と監禁違反容疑で逮捕状を取った。

日本赤軍の変節

ダッカ事件の際、日本赤軍の乗っ取り犯人は、人質の乗客に大見得を切った。

「俺たちは兵士だ」

ハイジャックが行われているその最中に、バングラデシュ国軍内で軍事クーデター事件が起こった。クーデターそのものは二時間ほどで鎮圧されたが、反乱軍はハイジャック犯が要求した身代金六〇〇万ドルの強奪を企図していたと伝わった。ハイジャック犯は「兵士」を自称していたが、現地の本物の軍隊によるクーデターに遭遇した時、「大金を持っているので狙われるかもしれない」と心配そうな顔をし、それまでの強硬な姿勢をぐらつかせた。

本物と偽物。ハイジャック犯の自称「兵士」たちのやっていたことは、所詮「戦争ごっこ」でしかなかった。しかも乗っ取り犯人が出した声明は、これまで大義としてきた「パレスチナ解放」について一言も触れていなかった。アラブからの孤立は、世界革命からの浮き上がりにもつながっていった。

「世界同時革命の機が熟し、世界党から世界赤軍を結成し、そして世界革命戦線を構築する」これが日本赤軍の主張していた政治路線だった。赤軍派議長塩見孝也（「よど号」ハイジャック事件などで収監された）が打ち出し、塩見の忠実な部下だった重信は、この路線に基づく根拠地づくりの特命を受けてパレスチナ入りした。

テルアビブでのリッダ闘争は、「日本赤軍」の名が初めて登場した事件とされる。警察庁、警視庁など日本の治安当局は、それまで尻尾さえつかんでいなかったが、「ジャパニーズ・レッド・アーミー」の出現に仰天した。日本赤軍によるテロ事件は、その後もシンガポール・シェル石油精製所襲撃事件、在ハーグフランス大使館占拠事件、クアラルンプール事件と続いた。「ジャパニーズ・レッド・アーミー」は、西側諸国の治安当局にとってもテロ組織としてマークされる存在となった。

これらの事件には、とにもかくにもパレスチナ問題という「大義」があった。事件の背後で、パレスチナ・ゲリラが支援していた。それがダッカ・ハイジャック事件では、犯行声明からもパレスチナの文字が消えていた。

日本赤軍のスポークスマン、足立正生

日本赤軍最高幹部の一人が、ダッカ事件から六日後の一〇月四日、キプロス・ニコシアのホテルで共同通信記者と単独会見した。

日航機の乗っ取り事件について日本赤軍幹部は、「今回の作戦は同志・日高敏彦がヨルダンで虐殺されてから一年かけて一〇〇％の準備をし、カーター米大統領の友人ガブリエルが乗り込むことも事前につかんでいた。六〇〇万ドルは海外と日本国内での根拠作りに使う」と述べた。日高は日本赤軍コマンドで、ヨルダン拘留中に自殺したとされる。

今後の日本赤軍の方針として、①敵は皇室と資産一〇〇億円以上の大ブルジョアジーが権力を握る日本帝国主義である、②これまでのパレスチナ革命依存の傾向を脱却し、日本国内でも遊撃戦を連続的に実行する、とアラブ志向の強かった日本赤軍が、今後は日本国内へ攻撃目標を広げることを示唆した。

会見場所に指定されたニコシアのホテルに現れたのは、薄色のサングラスをかけた三〇代後半の日本人の男で、「ムラノ」と自称しただけで、詳しい身元は明らかにしなかった。

男は福田内閣があっけなく日本赤軍の要求をのんだことに対し「米帝国主義者の手先一人が処刑の宣告を受けると、なりふり構わず要求をのんだ」と、米ガーフィールド銀行頭取ジョン・ガブリエルを日本政府との交渉の切り札に使ったことを明らかにした。

さらに今後の攻撃目標として「日本帝国主義」を挙げ、「米帝国主義と野合し、国内では公

害、汚職、部落人民への差別支配、国土破壊やインフレ政策による収奪を押し付け、さらにアジア諸国へ公害を輸出している」と非難するとともに、「我々は世界の闘う人民と団結し、日本人民共和国を建国する。それは天皇制、日本帝国主義を打倒、米軍を追い出すことである。誰もが革命の主人公として幸せに生きる社会主義自立の闘いである」と宣言した。

この後のインタビューで日本赤軍最高幹部ムラノは次のように答えた。

——ベネズエラ人の国際的テロリスト、「カルロス」との関係が取り沙汰されているが。

「全く関係がないとは言わないが、特別な関係ではない。彼もただの戦士だ。我々の最高リーダーは重信と奥平だ」

——今後は日本国内の闘争に焦点を移すのか。

「国際、国内遊撃戦を時間と場所、手段を選ばず遂行し、連続完全犯罪として敵に物理的な打撃を与え、日本革命評議会を結成する。皇室はマイホーム主義の象徴であり、打倒対象だ」

——ベトナム反戦運動など、かつては急進的な学生運動にも大衆からそこはかとない共感があったが、今は全く失われている。

「人民が離れてきたのは我々の責任だ。もう一度、人民の信頼を取り戻したい」

「ムラノ」と名乗った日本赤軍幹部の正体は、足立正生であった。足立は一九三八年生まれ。

日大芸術学部映画科出身のフリーの映画監督兼脚本家で、一九七一年夏カンヌ映画祭の帰路レバノンに渡り、師匠である若松孝二とともにパレスチナ・ゲリラの実情を撮影、記録映画『赤軍―PFLP世界戦争宣言』を製作した。その後単独で日本赤軍に合流し、スポークスマン役となって、一九七三年七月の日航ジャンボ機乗っ取り事件の際もパリで声明を発表した。

足立は一九七四年六月アルジェリアに出国した後、消息不明となっていた。アイヌ問題に絡む北海道開拓記念碑爆破事件などに関係したとして、一九七四年一〇月、北海道警から国際指名手配されていた。

映画と過激派

足立正生の映画の師である若松孝二は、一九六三年にピンク映画『甘い罠』で監督デビューした。一九六五年『壁の中の秘事』がベルリン国際映画祭の正式上映作品に選ばれると、「国辱映画」として国内で大バッシングを受ける一方、海外では高い評価を得た。同年、二九歳の若さで独立プロ「若松プロダクション」を設立した。

若松は過激化する赤軍派にも理解を示し、足立とともに撮影した『赤軍―PFLP世界戦争宣言』の上映運動のため、真っ赤に塗ったバス、通称「赤バス」で全国を巡った。その時手伝ったのが遠山美枝子で、遠山が連合赤軍によるリンチ事件で殺されると若松は怒りをあらわにした。

「こいつら、許せねえっ！」

リンチ事件で赤軍派に対する非難が巻き起こる中、それでも若松は心情的な理解を捨てようとはしなかった。その理由について、若松はこう語った。

「そのままでいれば将来の出世が約束されているような学生たちが、世の中を変えようと思ってやっていたんだから、何かが報じられた途端に批判的なことだけ言って逃げるようなことはしたくない」

こうした言動から、若松の周りには自然と映画に関心がある過激派活動家が参集するようになる。

足立正夫とともに若松のもとで助監督を担ってきた和光晴夫は、「映画では世界は変えられない」と海を越え、パレスチナ解放闘争に身を投じた。

過激派学生にとって、映画は一つの運動形態であった。闘争手段が映画であるか、それともゲバ棒や銃であるかは、彼らにとっては大きな違いはなかった。

後にリッダ闘争事件で唯一生き残り、イスラエル側に身柄を拘束されることになる日本赤軍のメンバー岡本公三は、地元の鹿児島で『赤軍―PFLP世界戦争宣言』を観た後、上京して若松孝二を訪ねている。

よど号をハイジャックして北朝鮮に渡った兄（岡本武）に会いに行くのだが、「その前にパレスチナへ立ち寄ってみたい」と話す岡本公三に、若松はアラブへ行くルートを紹介し、いくばくかの餞別を渡した。

それからまもなく、あさま山荘での銃撃戦が始まり、連合赤軍によるリンチ殺害事件が明るみに出る。それからわずか二カ月後、リッダ空港での銃乱射事件の報道で「岡本公三」の名前が容疑者の一人として報じられ、若松は驚愕する。そして、岡本公三が渡航前に接触していた人間として、若松孝二の名前が挙がった。以後、若松プロは度々公安警察によるガサ入れの対象となっていった。

「狼」の残影

一九八〇年五月、戒厳令が布告された韓国・光州《クァンジュ》市で市民と戒厳軍が武力衝突し、多数の死傷者が出た。「光州事件」である。

軍の実権を握っていた全斗煥《チョンドゥファン》少将は光州市内に空挺部隊を投入し、市民を徹底鎮圧した。全斗煥は国会を占拠し、政治家を多数拘束するなどのクーデターを実行し、のちに大統領となる野党指導者の金大中《キムデジュン》を逮捕・投獄した。

軍事クーデターを正当化するため、全斗煥は金大中を、北朝鮮とつながる組織から資金を提供され、それを学生運動指導者に手渡したとする「内乱・陰謀罪」で起訴した。そして、自らが大統領となることで、軍の実権だけでなく政治権力までも握ろうとした。

政敵となる金大中は全斗煥にとって目の上のたんこぶで、金大中を裁く軍事法廷では死刑が宣告されようとしていた。そうした状況において、世界各国で「金大中を殺すな！」「韓国に自由を！」の声が巻き起こり、とりわけ日本では「金大中死刑阻止・即時釈放」の運動が連日繰り広げられていた。

金大中に対する韓国大法院の判決が近づく一二月四日、在横浜韓国領事館に抗議に来た日本人市民グループ約二〇人が領事館の敷地内に入り、シュプレヒコールをあげた。この時、領事館職員は姿を現さず、市民グループは三〇分ほど抗議活動をした後、警察からの警告で領事館から退去した。

領事館に対する抗議活動では建物が破損したり、怪我人が出たりするなどの大きなトラブルはなかったが、翌五日に韓国外務次官が駐韓日本公使を呼びつけ、厳重抗議したことで外交問題に発展した。

韓国側の報道は過剰にエスカレートし、「日本人市民グループによる抗議活動」が、いつの間にか「朝鮮総連や韓国政府から『反国家団体』と規定された韓国民主回復統一促進国民会議の構成員が領事館に乱入した」と報じられた。

さらに韓国のマスコミでは「東京筋」からの情報として、東アジア反日武装戦線などの過激派組織が、韓国大使館や領事館に対して「テロを計画している」などと報じた。このことから韓国側の怒りはピークに達し、韓国政府は日本の全ての在外公館に非常警戒令を発し、テロに備えるように通達した。

東アジア反日武装戦線は壊滅したはずであるが、メンバーの一部が超法規的措置で釈放され海外に逃亡、また爆弾テロも続いたことで、韓国政府はその影に怯えていた。六年前の韓国産業経済研究所とオリエンタルメタル社への爆破事件は、韓国政府にとって過去のことではなかったのである。

「狼」は死んではいない――少なくとも韓国政府はそう認識していた。

終章　「狼」は死なず

笑う指名手配犯の最期

筆者が子供の頃、銭湯や街角には指名手配犯のポスターが掲示されていた。

「この顔にピンときたら110番！」

このキャッチフレーズが特徴ある字体で記され、凶悪犯の写真がずらりと並ぶポスターは子供心に強烈な印象を残した。時代が流れるにつれ、ポスターの指名手配犯は減っていったが、一人だけ半世紀を経ても残り続ける男がいた。桐島聡である。

眼鏡をかけ、薄ら笑いしている表情は凶悪犯に似つかわしくなく、けれどそれがかえって不気味な雰囲気を醸し出していた。桐島聡が東アジア反日武装戦線の容疑者だと知ったのは最近で、海外に逃亡したか、もう死亡していると勝手に想像していた。

二〇二四年一月二九日、鎌倉市内の病院で七〇歳の男が死亡した。死因は胃癌もしくは胆管癌で、一年前から通院しており、体調が悪化した一月中旬から入院していた。男は保険証を持っておらず、自費で治療を受け、「内田洋」と名乗っていた。病態が悪化した一月二五日になって、「最期は本名で迎えたい」と打ち明けた。

男の本名は桐島聡。東アジア反日武装戦線で指名手配された最後の一人だった。警察庁が重要指名手配する容疑者の中でも、最長の逃亡期間を記録していた。

桐島は逃亡後、横浜で港湾労働に従事していたが、二〇一〇年頃から神奈川県藤沢市の工務店に住み込みで働いていた。給料は金融機関への振込ではなく、勤務先から現金で受け取っていた。入院先の病院では健康保険証のほかに運転免許証、携帯電話も所持していなかった。実費払いのため歯医者にも行かなかったことから、欠損している歯が多く、柔らかい煮物が好物らしかった。

桐島は古びた木造住宅に住んでいて、部屋には石油ストーブが二台と段ボールなどがあるだけのゴミ屋敷だった。近所の住人は「人が住んでいるような場所ではないと思った」と語った。また入院直前、桐島は死亡時七〇歳であったが、よぼよぼした歩き方で八〇歳くらいに見えたという。腕は骨と皮だけでやせ細っていたことから、末期癌であったことが分かる。病気が悪化したことで働けなくなり、収入もなかったとみられたが、それでも入院時の所持品の中にあった通帳の残高は二四〇万円あった。最後の入院のために貯えていた金であったのか、そこには無一文では病院の世話にはならないという意地も感じられた。

桐島の最期から、逃亡生活が過酷であったことが見てとれる。桐島は死の間際、警視庁公安部の事情聴取に「後悔している」と供述した。爆弾事件を後悔したのか、それとも自首せず逃亡したことを後悔したのか、桐島が死亡した今では知る術がない。

桐島の親族は遺骨の引き取りを拒否し、DNA鑑定のための警察への資料提出にも応じなかった。

桐島の高校時代の同級生はこう語る。

「桐島は自分が場をリードするのではなく、人の後にくっついていくタイプだ」

また、桐島を知る活動家はこう彼を評した。

「あいつはもともと(活動家としての)意識が低かった」

桐島が所属していた「さそり」の三回目のテロは、一九七五年四月二九日、間組の江戸川作業所であった。入念な下見を重ね、夜間は人がいないと確認したが、実際には一人の重傷者が出た。「さそり」の同志、宇賀神寿一は言う。

「江戸川では桐島が爆弾を置いたから、彼は悩んでいた。負傷させてしまったと……」

伝えられる桐島の姿を、過激な爆弾テロの犯人像と結び付けることは困難である。歴史に「Ｉｆ」はないが、「さそり」に入っていなければ、平凡な人生を送っていたと思えてしまう。

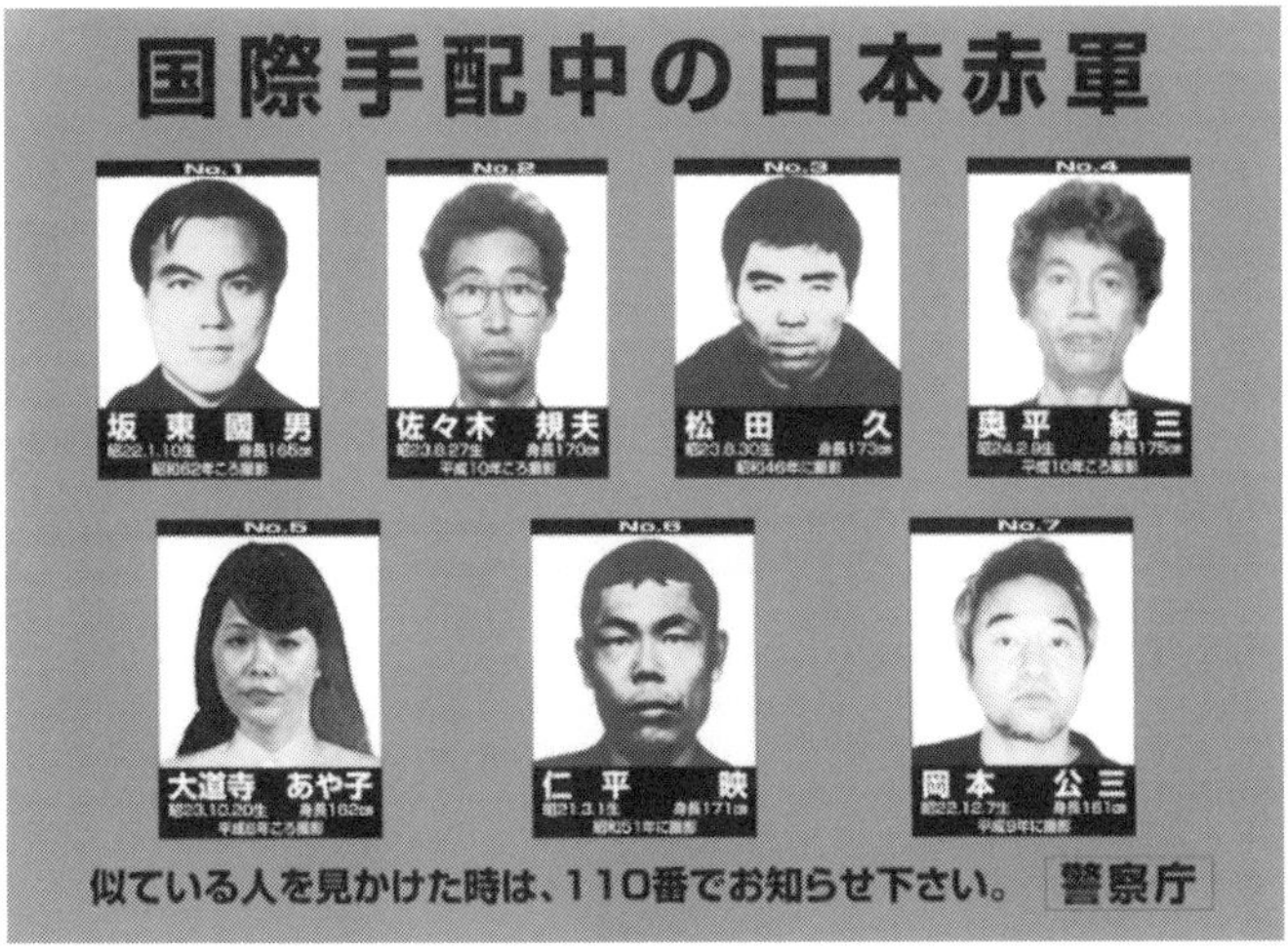

日本赤軍として手配されている佐々木規夫と大道寺あや子
警視庁ホームページ

「狼」たちのその後

大道寺将司と片岡（現・益永）利明の二人は、一九八七年に死刑が確定し、東京拘置所に収監された。大道寺将司は多発性骨髄腫で闘病していたが、二〇一七年五月二四日に死亡した。益永利明は二〇一〇年一〇月、脳梗塞で倒れてから闘病中で、獄中でできる範囲での治療を受けている。

佐々木規夫はクアラルンプール事件、大道寺あや子はダッカ事件で、日本赤軍による日本政府への要求で超法規的に釈放され、現在も国際指名手配されている。

黒川芳正は無期懲役受刑者として宮城刑務所に収監中であり、リッダ闘争事件で大道寺あや子とともに釈放された浴田由紀子は一九九五年にルーマニアから強制送還され、懲役二〇年の刑で栃木刑務所に服役した後、二〇一七年に刑期満了で釈放された。

「さそり」のメンバーだった宇賀神寿一は、一斉逮捕を免れたその日を境に、桐島聡と共に全国指名手配された。二人はそれぞれ逃亡の道を辿るが、宇賀神は七年後の一九八二年に逮捕・収監され、釈放後は救援連絡センター事務局に所属し、主に活動家を対象にした獄中支援活動を行っている。

東アジア反日武装戦線とは何であったのか？

東アジア反日武装戦線による一連の企業爆破から半世紀、今となっては彼らが爆弾テロを実行した理由を推察するのは困難である。「狼」が発行した『腹腹時計 vol.1』にはこう記されている。

「米帝の反革命基地を黙認し、日帝のベトナム特需でわれわれも私腹を肥やしたのである。支援だとか連帯だとかを叫ぶばかりで、日帝本国中枢に於ける闘いを徹底的にさぼったのである。法的にも、市民社会からも許容される『闘い』ではなくして、法と市民社会からはみ出す闘い＝非合法の闘いを武装闘争として実体化することである」

これを読んでも、今の人々には理解が及ばないであろう。しかし「米帝の反革命基地」との指摘は、今も沖縄や岩国、横田に米軍基地が存在し、基地には墜落の恐れのあるオスプレイ戦闘機が配備され、有害な汚染物質ＰＦＡＳの垂れ流しが基地周辺住民の安全を脅かしている。

「日帝のベトナム特需」とあるが、一九四五年の敗戦後、食うや食わずのどん底の経済状態からこの国が再生できたのは朝鮮戦争特需の結果であり、ベトナム戦争時に日本は高度経済成長を達成した。繁栄を謳歌する中で底辺に置かれた在日コリアンや日雇い労働者、アイヌの人々は差別され続け、人々はその存在を意識することはなかった。東アジア反日武装戦線は戦争を忘却し、差別に見て見ぬふりをする日本人を覚醒させるため、非合法かつ社会に許容されない手段で自らの主張を訴えた。

東アジア反日武装戦線のメンバーが爆弾テロ闘争に関わるきっかけとしたのが、アイヌや在日コリアンに対する差別問題であった。そこから山谷や釜ヶ崎の日雇い労働の現場に入り、労働者を搾取する資本家に対する闘いを開始する。そして資本主義社会の元凶であり、戦前「天皇」の名の下でアジアを侵略した天皇制をターゲットにした。

さらに、戦後においても戦争責任を反省せず、アジアに対して経済的な再侵略を遂行する政府と企業に対して、東アジア反日武装戦線は爆弾テロを敢行した。彼らにとってそれは「正義」の実現であり、爆弾テロはそのための手段として正当化された。ましてや国家権力は催涙弾やジュラルミン盾で武装し、ゲバ棒や火炎瓶では歯が立たなかったことから、爆弾テロは、彼らなりに導き出した結論であった。

しかし、そこに誤算が生じた。大企業を狙った最初のテロである三菱重工ビル爆破の際に使用した爆弾の威力が想定以上で、八人が死亡し、三〇〇人以上が負傷する大惨事となってしまった。大企業を狙ったはずが、犠牲者の多くが無関係の市民であり、東アジア反日武装戦線は凶悪なテロリストとして「社会の敵」と見なされる。差別される弱者を救う「正義」の代弁者となるはずが、一瞬にして大量殺人を実行した「悪」と規定されたのであった。

東アジア反日武装戦線は、日本人の戦争加害の責任を『腹腹時計』や声明文で訴え続けた。しかし大量無差別殺人を実行した東アジア反日武装戦線こそが加害者であり、テロの被害者や市民から責任を問われることになる。企業を狙った爆弾テロは、その後も深夜や人気のない倉庫などで、爆発の威力を抑えることにより継続したが、市民はもはや彼らの「大義」に耳を貸さず、凶悪な過激派の爆弾テロとして憎しみを募らせた。

国境・民族を越えた連帯

「さそり」に所属した宇賀神寿一は言う。

「東アジア反日武装戦線は、日本帝国主義本国人としての特権を否定した上で、責任のとり方として日本帝国主義によって侵略され、抑圧されてきた人々とともに闘おうと考えていた。闘いの手段において私たちに過ちがあったが、自分たちのためにだけとか、高みに立ってではなく、同じ位置に立っての闘いをこころするという考え方は、いまなお、そしていつでも闘ううえで、なくてはならないものだと思う」

人間がみな平等であったのは、文明誕生以前の原始共産制の時代であり、農耕により生産力が高まった奴隷制社会以降、人間のあいだには特権階級と奴隷といった格差、身分の差別が生み出された。人は誰しもその社会的存在に意識を規定されるようになり、格差や身分を変えるためには、意識を変えるとともに社会構造を打ち破る革命が必要となった。差別され持たざる者が差別し持てる者を打倒し、立場が入れ替わるという逆転劇は、歴史上繰り返し行われてきた。フランス革命がそうであり、ロシア革命がそれである。アメリカ軍を打ち破り、国土を統一したベトナム戦争も然りである。

東アジア反日武装戦線はその革命を日本で実践しようとしたのであるが、テロという手段が社会に受け入れられることはなかった。テロは人々を恐怖に陥れるが、人々がテロに共感することはない。いくら「虐げられた人々を救おう」との大義を訴えようとも、爆弾を爆発させた時点でその「大義」は吹っ飛んでしまう。何よりも、東アジア反日武装戦線のテロ活動を支持する在日コリアンやアイヌは皆無であった。

日本赤軍の女帝

クアラルンプール人質事件やダッカ・ハイジャック事件で、日本政府から超法的措置で東アジア反日武装戦線や連合赤軍の活動家、そして一般刑事犯の受刑者を奪還し、同志に引き入れた日本赤軍は、戦力をアップしたかに見えた。しかし一九七〇年代後半からその動向はほとんど伝えられなくなり、活動実態は不明となる。

過激派によるテロや武装闘争の時代は終わりを迎え、パレスチナにおいても日本赤軍の存在価値は薄れていく。日本への回帰を指向しても、日本に戻ればお尋ね者として逮捕・収監されることになり、何よりも日本国内で過激派に呼応する市民などいるはずもなかった。

それもこれも、過激派同士の度重なる内ゲバと東アジア反日武装戦線の爆弾テロが市民社会から嫌悪の目で見られたからで、労働運動をはじめとする市民運動の衰退も、左翼の活動基盤縮小に拍車を掛けた。過激路線に突っ走った組織の自業自得と言ってしまえばそれまでであるが、それでも重信房子ら日本赤軍は武装闘争を放棄しようとはしなかった。

組織が孤立し外部との接触がなくなると、内に籠ってより先鋭化するのは、連合赤軍のリンチ事件からも明らかである。連合赤軍を非難していた日本赤軍も、必然的に同じ道を歩むようになる。

日本赤軍内に重信ら幹部によって持ち込まれたのが、「思想闘争」である。これはメンバー同士が朝と晩の会議で活動を振り返り、互いに批判し合う作業であった。ある元メンバーは、「鍋を焦がしたことすら批判対象になった」と当時を述懐する。

山岳ベースという孤立した空間で連合赤軍の遠山美恵子は、指輪をはめていただけで「ブルジョア主義」と批判され、「総括」というリンチにより殺された。同志間の批判を遠山の親友だった重信らは日本赤軍内でも取り入れ、「兵士」とされた活動家は「総括」の対象にされた。

こうした「総括」は文革時代の中国や北朝鮮で行われていたが、その目的は組織に忠実な兵士を育成することであり、重信のカリスマ性を高めることに利用された。重信を連合赤軍の絶対的リーダーへ押し上げ暴走させたのには、彼の国の存在があった。

重信ら日本赤軍幹部は一九七五年以降、北朝鮮に度々渡航していた。当時、北朝鮮とPFLP（パレスチナ解放人民戦線）は友好関係にあり、日本赤軍も北朝鮮との関係を深めていく。北朝鮮に迎え入れられた「よど号」グループのメンバーは、ヨーロッパやアジアなどの海外に「出張」という名の工作活動で、頻繁に北朝鮮を出国していた。彼らが所持する日本国の偽造パスポートの番号は、日本赤軍兵士が使用していたパスポート番号と類似したものであったが、この原本は、北朝鮮による拉致被害者のパスポートであるとされた。

重信は北朝鮮で、禁断の光景を目の当たりにする。唯一首領を絶対的に崇拝する社会体制の魔力であった。北朝鮮には重信がかつて幹部として仕えていた赤軍派の田宮高磨ら「よど号」グループがおり、田宮がグループの絶対的リーダーとして君臨していた。北朝鮮の唯一絶対首領体制に染まった重信は、日本赤軍内にもその思想と組織体系を導入し、やがて組織内には彼女を「敬愛する司令官同志」と呼ぶ人間まで登場した。

つわものどもが夢の跡

重信房子の独裁体制となった日本赤軍であったが、それはそのまま組織の凋落を意味した。上部組織であるPFLPからの財政援助を打ち切られた日本赤軍は、祖国回帰どころか、メンバーが世界各地を放浪することとなり、事実上日本赤軍は瓦解する。

一九八七年には丸岡修が東京で、八八年には泉水博がマニラで逮捕された。一九九五年、ルーマニアに潜伏中の元東アジア反日武装戦線の浴田由紀子が国外退去処分となり、日本へ送還、逮捕される。一九九七年にはベイルートで岡本公三や足立正生ら五人が拘束され、二〇〇〇年一一月、ベイルートでの拘束劇を逃れた重信が、遂に日本国内で逮捕された。

逮捕の翌年の四月、重信は日本赤軍解散を宣言する。「解散宣言」により改めて重信が日本赤軍のリーダーであることが証明された。元メンバーの中には海外で逮捕され、拷問で殺された兵士もいた。そんな兵士の無念さを無視して、重信はあっさりと敗北を認めたのである。日本赤軍は重信によって解散したが、残るメンバーの七人は国際指名手配されたままである。その中には東アジア反日武装戦線の佐々木規夫と大道寺あや子が含まれている。

二〇二二年、重信房子は二〇年の刑期を満了し、出所後「武装闘争路線は誤りだった」との手記を公開した。日本赤軍のテロ活動から半世紀を経て、重信はテロの過ちを認めたのである。

二〇二四年七月二〇日、府中刑務所で一人の受刑者が夕食をのどに詰まらせて死亡した。元日本赤軍メンバーで、一九八六年にインドネシアの日本大使館に爆発物が撃ち込まれた「ジャカルタ事件」を巡り、殺人未遂などの罪で服役中だった城崎勉である。

城崎勉死亡六日前の七月一四日、京都市内の病院で誤嚥性肺炎により一人の男が死亡した。かつて「革命は世直しで、暴力抜きには実現できない」と主張し、「過激派の教祖」と呼ばれ、東アジア反日武装戦線にも影響を与えた竹本信弘（滝田修）であった。

一九九七年にベイルートで逮捕された岡本公三は二〇〇〇年三月出所し、そのままレバノンに政治亡命した。レバノン政府によると、岡本は一九七二年五月、約百人を死傷させたテルアビブ空港小銃乱射事件（リッダ闘争）でイスラエル治安当局に逮捕され、獄中で拷問を受けた後遺症により精神疾患や発語障害を抱えているとされた。その岡本は「コーゾー」の名で、アラブ社会では「パレスチナ解放の英雄」と称されている。

その岡本公三をモデルに映画を撮影したのが、足立正生である。一九七一年、足立は若松孝二と共に『赤軍―PFLP世界戦争宣言』を撮影した後、日本赤軍のスポークスマン役として活動した。一九九七年に岡本公三と共に逮捕された後日本に送還され、出所後の二〇〇七年、岡本公三を主人公にした『幽閉者テロリスト』を三五年ぶりに日本で撮影した。

足立は二〇二二年には、元首相の安倍晋三を銃撃した山上徹也を描いた『REVOLUTION＋1』を撮影した。アヴァンギャルドな作風で知られる足立だが、本作で足立はリアリスティックにテロを決行した統一教会の宗教二世の心理を描いた。クライマックスの手製銃による発砲シーンは、まさに戦場で生き抜いた足立ならではの迫力ある映像で締めくくられている。

足立は言う。

「底が抜けてしまった政治と社会に風穴を開ける！」

その決意は、日本赤軍の時代と変わることがない。足立にとっては「映画（アート）と革命に違いはなく、カメラも銃もSHOOT（撃つ）」という心情で、今も創作活動を続けている。

「日本のレーニン」の末路

岡本公三の兄、岡本武は一九四五年七月生まれで、京大農学部を中退した。一九七〇年三月、岡本武は赤軍派として日航機「よど号」を乗っ取り、北朝鮮に渡った。その後、活動方針をめぐって他のメンバーと対立、政治犯の強制収容施設に隔離されたと伝わった。

岡本武とその妻が一九八八年に死亡していたという情報が記事にされたのは、一九九六年八月一〇日付の朝日新聞であった。それから二週間近く経った八月二二日、岡本武の妻の実家を一人の男が訪ねた。男は元赤軍派議長の塩見孝也で、かつては「日本のレーニン」と呼ばれていたが、この頃は「よど号」グループの日本におけるスポークスマンとしての役割を担っていた。

塩見の目的は、平壌にいる「よど号」グループから託された一通の手紙を、岡本の妻の母親N子さんに届けることだった。

「不幸な知らせを伝えるのはつらいので、思いあぐねて遅くなりました。申し訳ない」

こう前置きしながら、塩見はその手紙をN子さんに差し出した。

手紙には、岡本夫妻が「事故」で「死亡」していたこと、二人の「遺骨」を引きとりに訪朝してほしいことなどが書かれていた。その際、塩見はN子さんに、「田宮と岡本との間に意見の違いがあったようだ」などとも伝えていた。

「日本のレーニン」は「よど号」メンバー同様、ソ連の衛星国として建国された北朝鮮の主席の指導に則って行動していた。

「よど号」グループの日本における代弁者であった塩見にとって、二〇〇二年秋の金正日総書記と小泉首相との日朝首脳会談で明らかとなった北朝鮮による日本人拉致は、青天の霹靂であった。赤軍派時代の同志である「よど号」メンバーを信じて、スポークスマン役まで買って出たのに、塩見は梯子を外された思いであった。塩見は「よど号」メンバーを問い詰めたが、納得できる回答は遂に得られなかった。

塩見には、田宮ら「よど号」メンバーを北朝鮮へ渡らせた負い目があった。「よど号」事件直前に塩見は逮捕され、「よど号」メンバーはその後日本の地を踏むことなく現在に至っている。塩見は「自分は北朝鮮には行かなかった」という贖罪意識があったのか、「よど号」メンバーの日本帰還運動に尽力した。しかし、「よど号」メンバーが日本人拉致に関わっていたという事実は、塩見にとっては裏切りに違いなかった。その後、塩見は「よど号」グループとは袂を分かつことになる。

「日本のレーニン」は、獄中暮らしでも共産党委員長であった宮本顕治と並ぶ反抗囚としてその名をとどろかせた。出所後は「よど号」グループの支援活動と並行して風俗レポートの仕事をしたことなどから、左翼陣営からは裏切り者扱いにされた。晩年は東京郊外の清瀬市で駐車場管理人として働き、二〇一五年には清瀬市の市議選に出馬するもブービーで落選となる。二〇一七年一二月一四日、塩見孝也は心不全により死亡する。

思想という悪酔い

連合赤軍の最高幹部、森恒夫は、リンチ殺人事件が起こった新倉ベースでの「軍事訓練」の際、アジトの小屋で自身の活動歴を語っている。

「小学校の友人に在日朝鮮人がおり、彼を通して朝鮮人の民族差別の問題に直面した」

連合赤軍で森とともにリンチを実行した革命左派の永田洋子は、赤軍派から「いつから革命運動に参加していたのか?」と問われて、こう答えた。

「一九六三年の日韓条約反対闘争から」

連合赤軍リンチ事件の首謀者二人が、左翼運動に関わった動機として朝鮮半島とのつながりを挙げていた。

重信房子は高校三年の時に、『朝鮮の子』という題の小説を書いた。その文体は高校生らしいみずみずしさがあるが、差別という社会の矛盾に切り込むタッチは、後の彼女の生き方に通じる鋭利さが感じられる。もしも重信が赤軍派に関与せず文学者の道を歩めば、流行作家になったのではと想像してしまう出来栄えである。

一九六〇年代から七〇年代の学生運動にとっての闘争課題は、ベトナム反戦や日米安保、大学の民主化などで、在日コリアン差別は焦点とはならなかった。そんな中でも、若者の社会問題に覚醒するきっかけが、在日コリアンの置かれた状況であったことは見過ごすことができない。

学校のクラスの中に一人は二人かは在日コリアンがおり、彼らは決まって「日本人」の名前を名乗っていた。しかしどこからともなく、彼らが在日コリアンであることが流布され、「チョーセン帰れ！」「ニンニク臭い！」と差別的言動を加えられるようになる。

クラスの大多数は在日コリアン差別に迎合するか、見て見ぬふりをするかであったが、「差別はおかしい」と行動に移すことはなくとも、差別の不条理さを感じた生徒もいた。社会運動に参加する学生の多くが、社会の矛盾に対して立ち向かう「正義感」がきっかけであることは少なくない。そして、差別される弱者を救うヒロイズムに酔いしれる側面があったことは、否定できない事実である。

問題はこの「正義感」という「酔い」にある。司馬遼太郎は革命運動の活動家を、「思想に酔っている」と表現した。マルクスは資本主義社会の矛盾を構造的に解明し、疎外されているプロレタリアートが主体となって革命を起こし、共産主義社会を実現すると説いた。まさにユートピア論で、労働者を搾取するブルジョアジー（資本家）という「悪」と戦う革命家は、「正義」の使者そのものであった。「正義」という酒が革命家を酔わすのであるが、「悪」を滅ぼすための手段の選択は二の次であった。

ブルジョアジーの手先である国家権力の警察が催涙弾とジュラルミン盾で武装していることから、革命家も武装してもよいというのは、使い勝手のいい便法であった。そこにはガンジーの説く「非暴力」は軟弱、日和見・後退主義と排除され、「目には目を」でゲバ棒、爆弾で武装する過激な闘いこそが革命戦士の本分であるとの意見が力を持った。

マルクスによる共産主義思想は、確かに資本主義の矛盾を暴露し、労働者階級が立ち上がる指針となり得た。しかし、資本主義を打倒した後の社会については、あいまいな記述で締めくくられている。マルクスが思い描いた共産主義社会は、「各人はその能力に応じて働き、必要に応じて受け取る」とするものであった。実に分かりにくい、想像しづらい未来社会である。

「日本のレーニン」塩見孝也ですら、「世界革命戦争の後はどうなるのか？」と問われても、「そんなものはやってみないと分からない」と答えるだけであった。

マルクスは予言者ではなかったから、共産主義社会をユートピアとはしなかった。現実の共産主義社会であるソ連や中国、キューバや北朝鮮をみれば、マルクスの想像は外れてはいなかった。北朝鮮を「地上の楽園」と信じ込んだ一〇万人近い在日朝鮮人は、海を渡って帰国した。そこで待ち受けていたのは、「楽園」という名の地獄であった。

「共産主義」という「酔い」は、遅かれ早かれ醒めるものである。現実の共産主義社会はソ連や中国、北朝鮮などのように「人民」が主体などではなく、一人の独裁者とそれを支えるテクノクラートが支配する全体主義国家と化している。またゲバ棒を振り回し、爆弾を破裂させても、「人民」は主体となって革命家の後に続こうとはせず、むしろ極左過激集団である「社会の敵」と世間から白眼視された。

「共産主義」という思想は、マルクスが「宗教はアヘンである」といみじくも語ったように、まさに麻薬にほかならなかった。「共産主義」という麻薬は、日本では蔓延することはなかったが、いくら取り締まりを強化しても、麻薬中毒者がいなくなることはない。共産主義は影を潜めたが、安倍元首相や岸田元首相が狙われたように、政治家に対するテロそのものは今も続いている。

「思想」は人間の行動を規定するが、「思想」という「悪酔い」を覚ます理性はいまだ未成熟というのが現実である。

反日という呪縛

一九七二年五月三〇日のリッダ闘争事件は、重信房子の戸籍上の夫で事件の際に死亡した奥平剛士や岡本公三らによって引き起こされたが、重信が「日本赤軍」と名乗ったことで歴史上「日本赤軍のテロ闘争」と認知されるようになる。日本赤軍はリッダ闘争事件により世界の耳目を集め、パレスチナでは「アラブの英雄」と称されるようになる。

リッダ闘争事件により、日本政府はイスラエル政府に対し謝罪し、賠償を行った。日本政府が関与した犯罪ではないはずだが、日本国民を「代表」して政府は犠牲者に哀悼の意を表したのである。

その一方、日本政府は朝鮮半島の植民地支配に対しては謝罪も賠償も行っていない。一九六五年の日韓条約で、日本政府は韓国政府に有償・無償の「独立祝賀金」の名目で五億ドルを援助したのであって、植民地支配で犠牲になった韓国人とその遺族に対しては「日韓条約で解決済み」という立場を崩そうとはしない。ましてや北朝鮮に対しては、謝罪どころか拉致問題を前面に掲げて圧力を加え続けている。日本国民を「代表」する政府は、朝鮮半島の植民地支配に対しては何らの責任も取ろうとしなかった。

東アジア反日武装戦線は、アジアに対する日本の戦前の植民地支配と戦後の経済侵略を指弾し、それを爆弾テロという手段で世に訴え、社会を震撼させた。爆弾テロから半世紀を経た現在、「反日」というキーワードは今や「非国民」の裏返しとなっている。在日外国人が権利擁護を求めたり、沖縄県民が基地撤去を叫んだりすることが、国策に反する「反日」と規定されてしまうのが、現在のこの国の姿である。

東アジア反日武装戦線の闘いは忘れ去られ、反日＝悪という図式だけが世間に流布されている。

「さそり」のメンバーで、半世紀にわたり逃亡していた桐島聡が二〇二四年一月に死亡した。桐島の死により「東アジア反日武装戦線」の名が今によみがえり、年配者は「そんなこともあったな……」と思い出し、若者は「反日武装って……？」と違和感を覚えたことだろう。

「日本に反対する」ことが「非国民」につながるのかという論議はさておき、「反日」を前面に掲げた組織は、「狼」らのグループ以外、後にも先にもない。東アジア反日武装戦線が何をしようとしたのかは、彼らが獄中にいるか、海外に逃亡したままか、それとも既に死亡したかのいずれかで、彼らの口から直接語られることはもはやない。左翼過激派の連合赤軍や日本赤軍の関係者が、少ないとはいえ社会復帰した後に過去の闘争を振り返り、記録に残しているのとは対照的である。桐島の死と共に、東アジア反日武装戦線という存在は永久に封印されたことになる。

テロと帝国主義

一般にテロとは、要人テロと承認テロがあると筆者は考える。要人テロとは権力者を暗殺することが目的で、二〇二二年七月の安倍元首相銃撃事件のように今も続いている。一方で、人を殺傷するのではなく、政府や企業に対して爆弾等を仕掛け爆発させることによって自らの存在とその目的をアピールする「承認欲求」を掲げたテロは、ほとんどみられない。

承認欲求を満たすだけならSNS上に書き込むことで、ある程度は達成することができ、最近では、意図的な「炎上」を狙ってネットを騒がせるインフルエンサーが注目されている。

いずれにしても、テロでは世界を変えることはできない。それは東アジア反日武装戦線の行動をみれば明らかで、SNSも同様に、いくら承認欲求を求めようともそれは仲間内の共感を得るに過ぎない。「反日」であれ「愛国」であれ、この国をどうするのかという意識が希薄であるのは、今も昔も変わりない。

東アジア反日武装戦線の闘いは挫折した。しかし、それを単なるテロと一蹴するのなら、その教訓を汲み取ることはできない。

韓国をはじめとする東アジア諸国は、半世紀前と比べて驚異的な経済成長を遂げている。「貧しいアジア」といったステレオタイプのレッテル貼りはもはや時代遅れで、半導体などの先端科学技術の分野では、韓国や台湾が日本を凌駕している。戦前は植民地支配を受け、戦後も経済侵略の対象であったアジア諸国が、日本と同等あるいはそれ以上の経済成長を達成している。それでも韓国が戦前の植民地統治を問題視している理由について、日本は理解が及ばないままである。

植民地支配は欧米の例を持ち出すまでもなく、暴力と偏見がセットとなって遂行される。いわゆる「弱肉強食」の論理で、それが当時の時代の趨勢と正当化するのは、植民地統治した側の理屈である。対して被植民地側のアジア諸国は、元宗主国が加害を認めない態度を取り続けていることに納得していない。東アジア反日武装戦線の主張は、植民地支配された側の視点で、元宗主国側の日本人がテロを行ったのであり、それは従来の左翼過激派の路線とは一線を画すものであった。アジアの被植民地国の「反日」運動に共感する元宗主国側からの反日運動であり、世界的にも類例はない。そうした意味から東アジア反日武装戦線は唯一無二の存在であり、もう二度とこうした組織は現れないであろう。そうであるがゆえ、東アジア反日武装戦線の闘いは今もって未完である。

この国に対する「反日」の呪縛は、日本人が明治以来の近代史をアジアの視点から見ることなくしては、永遠にピリオドを打つことはない。東アジア反日武装戦線を単なる「爆弾テロ集団」と見なす歴史認識が、アジアをますます日本から遠ざけている。

終わりに ——爆弾テロの行きつく先

東アジア反日武装戦線「狼」による三菱重工ビル爆破事件が起こったのは、筆者が小学二年の時であった。夕方のテレビのニュースでは、東京のど真ん中のビル街が戦場のような廃墟と化し、粉々になり散乱したガラス片と破壊された車が映し出され、その生々しさに思わず身震いがした。そして多くの怪我人が画面に現れ、そのほとんどがサラリーマンやＯＬであったことで、爆弾テロ事件のリアリティがより鮮明となって迫ってきた。

「こんな事件を引き起こす犯行グループは、世界征服を狙う悪の秘密結社に違いない」

当時、特撮ヒーローものやロボットアニメに夢中になっていた八歳の筆者はそう思い、悪の化身に対する恐怖と怒りでいっぱいになった。

しかし、実際の犯行グループは「悪」の代名詞のような怪獣や怪人ではなく、全員が定職に就き結婚もしている、どこにでもいる「市民」にほかならなかった。「ごく普通の市民」が、死者八人、負傷者三七六人のテロを実行することに、事件の闇の深さや不気味さが醸し出されていた。

大量殺傷テロという事態に最も驚いたのが、ほかならない犯行グループであった。「狼」のメンバーは事件当日に落ち合い、会合を持った。彼らは、自らの行いに恐怖を感じた。

「爆弾の威力が強すぎた……」

天皇暗殺を企図した鉄橋を爆破するほどの爆弾を、そのまま白昼の人通りの多いビル街で爆発させたのである。その威力がどれほどのものか、「狼」はさして計算もせずに実行した。

作戦は失敗だったという意見が出されたが、失敗を認めることは敗北につながるとして、今後もテロを続けることが確認された。ただし、人命を危険にさらすことは本来の目的ではないことから、爆弾の威力は必要最小限にする、昼間に爆発させる場合は避難できるよう余裕をもって犯行電話を掛ける、夜間の爆破は人がいないことを事前に確認して実行するなどが取り決められた。

こうした「狼」の姿は、冷酷で緻密な計算に基づいてテロを実行する「悪の秘密結社」というよりは、大量無差別殺人を実行してしまった自らの無計画性に右往左往しながらも、それを「正当化」する小心者といった方が当てはまる。

「狼」の大道寺将司は一九七五年五月一九日に逮捕されたが、その時顔面蒼白であった。逮捕された恐怖からではなく、自殺用の青酸カリをその日に限って自宅に置き忘れたためで、焦りから茫然自失となっていた。その姿は沈着冷静なテロリストというよりは、うっかり忘れたという自分の行いに後悔と諦観がにじみ出ているように思えてしまう。

爆弾教典とされた『腹腹時計』についても、地下出版ではなく、書店で売りに出す手法には首をかしげてしまう。警察が販売ルートを割り出せば、いずれ犯行グループにたどり着くというリスクを想定しなかったとするならば、あまりにも短絡的な発想というしかない。

爆弾テロの動機についてもよく分からない。犯行声明文や『腹腹時計』からは在日コリアンやアイヌ、底辺労働者の解放などが謳われ、それは「弱者」を救う「正義の味方」気取りと受け止められる。しかし「爆弾テロ」は一般人も巻き込む恐れがあり、社会から到底受け入れられる手段ではない。テロの先にあるのは、市民の敵意と犯行グループの家族に対する社会的「制裁」である。

それでも犯行グループが命を懸けてテロを実行していたのは、自殺用の青酸カリを常時携帯していたことからも分かる。ただ、全員が死を決意していたかは疑問が残る。逃亡した桐島聡や宇賀神寿一が再起して爆弾テロを企図するかと思いきや、二人は都会の雑踏にまぎれ、息を殺して潜伏するという自己保身に埋没していた。

こうした一連の犯行手口や一斉逮捕後の行動から、東アジア反日武装戦線のテロ闘争は場当たり的で、拙劣であったと一言で片づけることはできる。しかしそれは結果論であって、当時は社会を震撼させ、沈滞していた過激派を再生させ、今も人々の記憶に「東アジア反日武装戦線」の名を刻みつけている。

爆弾テロは今も続けられている。それは抑圧された存在が、たとえ社会から指弾された手段であっても、理想とする夢物語に酔い痴れるために用いる麻薬のような作用がある。ただし爆弾テロという麻薬は、自己を破滅させる副作用を有する諸刃の剣にほかならないことも付け加えておく。

本書の刊行にあたっては、今回も図書出版花伝社の平田勝社長と担当の佐藤恭介氏からのご尽力を賜った。紙面をお借りして、感謝の意を表したい。

二〇二五年二月

高祐二

〈参考文献〉

『スパイと公安警察』泉修三、バジリコ、二〇〇九年
『虚ろな革命家たち』佐賀旭、集英社、二〇二二年
『漂流　日本左翼史』池上彰・佐藤優、講談社現代新書、二〇二二年
『反日革命宣言』東アジア反日武装戦線KF部隊（準）、風塵社、二〇一九年
『突破者』宮崎学、南風社、一九九六年
「学生運動と酩酊体質」司馬遼太郎（『週刊朝日』二〇二〇年一月二四日号）
「塩見孝也元赤軍派議長　私だけが知る過激派の素顔」本橋信宏（『週刊文春』二〇一七年一二月二八日号）
「重信房子　魔女の正体」（『週刊文春』二〇二二年六月九日号）
「東アジア反日武装戦線とは何だったのか？」太田昌国（『週刊金曜日』二〇二四年二月一六日号）
「私党重信房子と日本赤軍」田原牧（『文藝春秋』二〇二二年八月号）
「岡本武一家の救出を」菊池久彦（『ＲＥＮＫ第一一号』一九九六年）
「足立正生の銃とカメラ」石橋春海（『昭和39年の俺たち』二〇二三年五月号）

その他に、「朝日新聞」「読売新聞」「神戸新聞」「韓国新聞」等を参考にした。

高祐二（コ・ウイ）

1966年生まれ。甲南大学経済学部卒。

コリア歴史研究所事務局。

理学療法士、病院勤務。

著作に、『韓流ブームの源流』（社会評論社）、『在日コリアンの戦後史』『大災害と在日コリアン』（明石書店）、『われ、大統領を撃てり』『吉本興業と韓流エンターテイメント』（花伝社）がある。


「狼」と「さそり」そして「大地の牙」

——東アジア反日武装戦線が投げかけたもの

2025年3月10日　初版第1刷発行

著者 ——— 高祐二
発行者 —— 平田　勝
発行 ——— 花伝社
発売 ——— 共栄書房
〒101-0065　東京都千代田区西神田2-5-11出版輸送ビル2F
電話　　　03-3263-3813
FAX　　　03-3239-8272
E-mail　　info@kadensha.net
URL　　　https://www.kadensha.net
振替 ———00140-6-59661
装幀 ———黒瀬章夫（ナカグログラフ）
印刷・製本— 中央精版印刷株式会社

©2025　高祐二
本書の内容の一部あるいは全部を無断で複写複製（コピー）することは法律で認められた場合を除き、著作者および出版社の権利の侵害となりますので、その場合にはあらかじめ小社あて許諾を求めてください
ISBN978-4-7634-2163-0 C0036